Mit Rezepten um die Welt

DELIKATE KALTE VORSPEISEN

Meister Verlag GmbH

INHALT

Afrika & Naher Osten

Asien & Ferner Osten

Neue Welt

Mittel- & Südamerika

KALTE VORSPEISEN AUS ALLER WELT

Die Kunst, seine Gäste mit Appetitanregern zu verwöhnen, wird rund um den Erdball gepflegt. Während die typischen Leckereien hierzulande auf ein Menü einstimmen, werden sie in anderen Ländern selbst zum Mittelpunkt der Tafel.

ASIEN & FERNER OSTEN

Eine Menüabfolge, wie sie bei uns üblich ist, kennen die Chinesen nicht. Man sitzt in gemütlicher Runde auf Bodenkissen um einen flachen Tisch herum, auf dem alle Speisen, einschließlich der süßen, gleichzeitig präsentiert werden. Nur die Suppe hat ihren eigenen Platz – sie wird grundsätzlich erst zum Schluß gegessen.

MITTEL- & SÜDAMERIKA

In Mexiko und der Karibik sind »Schätze« aus dem Meer als Vorspeisen sehr beliebt. Fisch und Krustentiere werden ebenso phantasievoll wie vielseitig zubereitet. Würzige Marinaden stehen dabei hoch im Kurs.

MITTELMEERRAUM

Was für Italiener die »Antipasti« und für Spanier die »Tapas«, sind für Griechen die »Mézedes«: kleine Häppchen, die in geselliger Runde bestens schmecken. Gleich vier oder fünf Vorspeisen auf dem Tisch

NEUE WELT

Es gibt wohl nirgendwo eine größere Auswahl an Krabben und Krebsen als in den USA. Kein Wunder also, daß Shrimps häufig den ersten Gang eines Mahls bilden. Nach klassischer Art werden sie gekocht und mit einer Cocktailsauce serviert.

sind in den Ländern rund ums Mittelmeer keine Seltenheit. Oft läutet man den Abend mit den leckersten Kleinigkeiten und einem Aperitif ein, bis gegen 22 Uhr endlich die Hauptmahlzeit eingenommen wird.

Afrika & Naher Osten

Ein Erbe der Nomadenkultur ist in Ländern wie Syrien oder Libanon die Vorliebe für zarten Frischkäse aus Schafs-, Ziegen- und Kuhmilch. Zusammen mit Gemüse werden aus ihm die Vorspeisen zubereitet, die man im Vorderen Orient auch tagsüber während einer kleinen Pause gerne genießt.

Nord- & Mitteleuropa

Raffinierte Spezialitäten, wie »Grüner Spargel in pikanter Sauce«, dürfen in Frankreich als Auftakt zu einem Menü nicht fehlen. In Deutschland genießt man vor allem an Feiertagen Vorspeisen. Ein gern gegessener Klassiker ist der »Büsumer Krabbencocktail«.

Osteuropa

In Rußland wäre ein Essen ohne Vorspeisen undenkbar, schließlich haben die kleinen Appetitanreger dort seit fast 1000 Jahren Tradition. Am liebsten werden Pilze und Eier in vielen Variationen aufgetischt. Im Seen- und Flußland Ungarn hingegen haben leckere, kleine Fischgerichte den Vorrang.

GRÜNER SPARGEL MIT PIKANTER SAUCE

FRANKREICH

Nutzen Sie die kurze Zeit, in der grüner Spargel erntefrisch erhältlich ist – die Sauce mit zartem Kerbel, würzigen Kapern und Senf harmoniert wunderbar mit dem edlen Gemüse.

ZUTATEN
(Für 4 Portionen)

- 1 kg grüner Spargel
- 2 TL Salz
- 1 TL Zucker
- 1 Ei

FÜR DIE SAUCE

- 1 Bund Kerbel (siehe Zutatentip)
- 1 sehr frisches Eigelb
- 1 TL scharfer Senf
- 2 EL Weinessig
- 2 EL Rotwein
- 4 EL Olivenöl
- 1 EL kleine Kapern
- Salz, schwarzer Pfeffer

ZUTATENTIP

Statt des Kerbels können Sie auch sehr gut Schnittlauch oder gemischte Kräuter für die Sauce verwenden. Ebenso lecker ist es, wenn Sie in feine Ringe geschnittene Frühlingszwiebeln zufügen.

1 Den Spargel waschen, mit Küchenpapier trockentupfen, putzen und nur im unteren Drittel dünn mit einem Spargel- oder Sparschäler abschälen. 2 l Wasser in einem Topf zum Kochen bringen, Salz und Zucker zufügen. Den Spargel darin 15 Minuten garen. Dann mit einem Schaumlöffel herausheben und etwas abkühlen lassen.

Schritt 1

2 Das Ei in einen kleinen Topf mit Wasser geben und in etwa 10 Minuten hart kochen. Abschrecken, schälen und mit dem Eierschneider oder einem Messer kleinwürfeln. Auf einem Teller beiseite stellen.

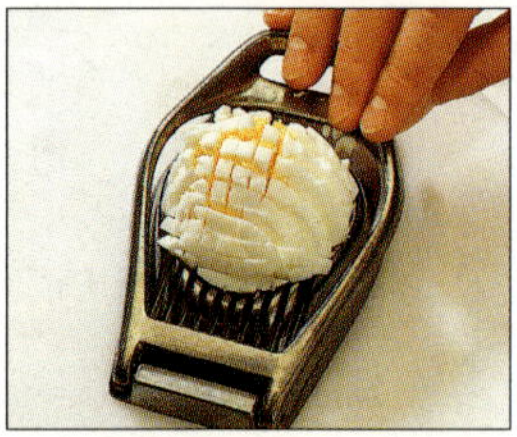

Schritt 2

3 Für die Sauce den Kerbel kalt abbrausen und trockenschütteln. Einige Blättchen zum Garnieren beiseite stellen, den Rest hacken. Das Eigelb und den Senf mit einem Schneebesen verquirlen (siehe Kochtip). Nach und nach den Essig und den Rotwein zugeben. Das Öl einrühren, die Kapern und den Kerbel unterheben. Salzen und pfeffern.

Schritt 3

4 Den lauwarmen Spargel auf 4 Teller verteilen, die Sauce darübergießen und alles 30 Minuten kalt stellen. Das gehackte Ei darüberstreuen und mit Kerbel garnieren.

Zubereiten **25** Min.
Marinieren **30** Min.
Pro Portion: 203 kcal/855 kJ; 7 g EW; 16 g F; 7 g KH

TYPISCH FRANZÖSISCH

Französische Saucenmeister greifen gern zum Senf, schließlich sind die weltbesten Qualitäten Landesprodukte. Während es im Paris des 17. Jahrhunderts 600 Senfmacher gab, heißen die heutigen Mostrichhochburgen Dijon und Beaune. Hier mahlt man die Saatkörner zum Teil in uralten Steinmühlen.

Kochtip

- Zum Verrühren der Saucenzutaten sollten Sie einen Schneebesen verwenden, denn mit einem elektrischen Handrührgerät würde die Sauce zu schaumig.
- Sie können das Gericht einige Stunden im voraus – wegen des Eigelbs in der Sauce jedoch unbedingt am Tag des Servierens – zubereiten und kühl stellen.

Serviertip

Sehr gut schmecken dazu Baguettescheiben, in Olivenöl goldbraun geröstet und mit gehackten Kräutern bestreut.

Mit der feinen Vorspeise verträgt sich ein leichter Weißwein, etwa ein Sancerre oder Blanc de Blanc.

ROHKOSTPLATTE MIT ANCHOVIS-DIP

FRANKREICH

Diese Rohkost wird wie Fondue gegessen: Jeder nimmt sich nach Belieben von der Platte mit dem bunten Gemüseallerlei und dippt seine Favoriten in das Schälchen mit der Sauce.

ZUTATEN
(Für 4 Portionen)

FÜR DIE ROHKOST

- 2 Fenchelknollen
- je 1 rote und gelbe Paprikaschote
- 1 Staudensellerie
- 1 Chicorée (siehe Zutatentip)

FÜR DIE SAUCE

- 5 Anchovis
- 5 Knoblauchzehen
- 200 ml Olivenöl (siehe Kochtip)
- 1 EL Schlagsahne
- ½ TL frische Thymianblättchen

ZUTATENTIP

Natürlich können Sie auch andere Gemüsesorten verwenden, die sich zum Rohessen eignen, etwa Möhren, Gurke, junge Zucchini, Blumenkohl oder Kohlrabi.

1 Anchovis in ein Schälchen mit kaltem Wasser legen. Inzwischen den Fenchel waschen, putzen und das Grün entfernen. Die Paprikaschoten halbieren, putzen und waschen. Sellerie waschen, putzen, in einzelne Stangen zerteilen und mit einem Messer die faserigen Fäden abziehen. Etwas Selleriegrün zum Garnieren beiseite legen.

Schritt 1

2 Den Chicorée waschen, den Strunk keilförmig herausschneiden und in einzelne Blätter zerteilen, dabei große Blätter längs halbieren. Den Fenchel in Ringe, die Paprikaschoten in Streifen schneiden, die Selleriestangen halbieren. Das Gemüse auf einer Platte anrichten. Mit Selleriegrün garnieren.

Schritt 2

3 Für die Sauce die Anchovis mit kaltem Wasser abbrausen, dann gründlich mit Küchenpapier trockentupfen und hacken. Den Knoblauch schälen und durchpressen. Anchovis, Knoblauch und Olivenöl in einer Schüssel mit dem Stabmixer pürieren.

Schritt 3

4 Die Sahne untermischen und den Thymian zufügen. Die Sauce in einem kleinen Topf bei schwacher Hitze leicht erwärmen und zum Gemüse servieren.

Zubereiten **30** Min.
Pro Portion: 516 kcal/2160 kJ; 5 g EW; 53 g F; 7 g KH

TYPISCH PROVENZALISCH

»Crudités«, wie diese Rohkost mit Dip in Frankreich heißt, wird dort in allen Gegenden gerne als Vorspeise gereicht. Je nachdem, welche Zutaten für die jeweilige Region typisch sind, variiert das Rezept. In der Provence mit ihrem Fischreichtum schätzt man den salzigen Geschmack der Anchovis für die Sauce.

Kochtip

In Frankreich nimmt man gerne halb Olivenöl und halb flüssige Butter für die Sauce. Sie können die Sauce auch noch mit 1 TL Dijon-Senf und 1 EL Kapern verfeinern – beides einfach mit den anderen Zutaten zusammen pürieren. Die Schlagsahne sollten Sie dann jedoch nicht unter die Sauce ziehen.

Serviertip

Nach dieser leichten Rohkostplatte ist ein kräftig mit Rosmarin gewürztes, gegrilltes Hähnchen genau richtig.

Als Getränk schmeckt zur Vorspeise am besten ein frischer Weißwein von der Côte de Provence.

SERVIERTIP Kalbskotelett mit Gemüse bildet nach einem Krabbencocktail den gebührenden Hauptgang.

Servieren Sie Ihren Gästen dazu ein Gläschen eisgekühlten Aquavit oder aber prickelnden Sekt.

Büsumer Krabbencocktail

DEUTSCHLAND

Nordseekrabben aus Büsum – nordwestlich von Hamburg an der Helgoländer Bucht gelegen – vereinen sich mit zarter Meerrettichsahne zu einem wahren Feinschmeckercocktail.

ZUTATEN
(Für 4 Portionen)

- 200 g Nordseekrabben (siehe Zutatentip)
- 1 EL Zitronensaft
- 5 cm Meerrettichwurzel (siehe Zutatentip)
- 100 g Schlagsahne
- Salz, 1 Prise Zucker
- 2 EL Weinbrand

AUSSERDEM

- 1 kleiner Kopfsalat
- edelsüßes Paprikapulver

ZUTATENTIP

• Nordseekrabben sind recht teuer und nicht überall erhältlich. Sie können sie in diesem Rezept gut durch kleine Tiefseekrabben ersetzen.

• Meerrettich hat nur im Herbst und Winter Saison. Ein guter Ersatz ist jedoch schon geriebener Meerrettich aus dem Glas.

1 Die Krabben in ein Sieb geben, unter fließend kaltem Wasser abbrausen, gut abtropfen lassen und mit Küchenpapier trockentupfen. Auf einen Teller geben und mit Zitronensaft beträufeln.

2 Die Meerrettichwurzel waschen und schälen. Mit einer Küchenreibe 2 EL von der Wurzel fein abreiben. Den Salat waschen, putzen und trockenschleudern.

3 Die Sahne mit Salz nach Geschmack, dem Zucker und dem Weinbrand mit den Schneebesen des Handrührgerätes halbsteif schlagen. Dann den geriebenen Meerrettich vorsichtig unterziehen.

4 Mit den Salatblättern 4 Cocktailgläser auslegen und je ein Viertel der Krabben darauf geben. Die Meerrettichsahne darauf verteilen und mit Paprikapulver bestreuen. Oder die Sahne vorsichtig unter die Krabben mischen, in die Gläser auf die Salatblätter verteilen und mit Paprikapulver bestreuen.

Schritt 1

Schritt 2

Schritt 3

Zubereiten **20** Min.
Pro Portion: 140 kcal/586 kJ;
10 g EW; 8 g F; 3 g KH

TYPISCH BÜSUM

Alljährlich im Juli treten die Kutter im Nordseeheilbad Büsum zu einer Regatta an. Dann festigt der Küstenort, der vor gut 400 Jahren noch eine Insel war, seinen Ruf als Krabbenhochburg Schleswig-Holsteins. Anschließend geht es ans gemeinsame Pulen der Delikatesse.

Champignons in Senfsauce

Niederlande

Holland ist berühmt für seine feinen Champignons, und natürlich gibt es dafür auch viele Rezepte. Hier verleiht eine herzhafte Senfsauce den milden Pilzen die besondere Note.

ZUTATEN
(Für 4 Portionen)

- 250 g kleine Champignons (siehe Zutatentip)

FÜR DIE SAUCE

- 1 Schalotte
- 2 Zweige Estragon (siehe Zutatentip)
- 6 EL Olivenöl
- 1 EL mittelscharfer Senf
- 1 EL Essig
- Salz, schwarzer Pfeffer aus der Mühle

Zutatentip

- Achten Sie darauf, wirklich ganz frische Champignons zu kaufen: Weiße Pilze ohne braune Flecken und geschlossene, feste Hüte deuten auf frische Ware hin.
- Wer den feinwürzigen Geschmack von Estragon nicht mag, kann statt dessen glatte Petersilie verwenden.

1 Die Champignons zuerst mit einem Pinsel von Schmutzteilchen befreien, dann leicht mit einem feuchten Tuch abreiben (siehe Kochtip). Danach die Champignons mit einem Messer in dünne Scheiben schneiden und auf 4 Teller verteilen.

2 Für die Sauce die Schalotte schälen und fein würfeln. Den Estragon kurz unter kaltem Wasser abbrausen und trockenschütteln. Die Blättchen von den Stengeln zupfen und fein hacken. Das Olivenöl in einem Topf erhitzen und die Schalottenwürfel darin unter Rühren glasig werden lassen. Die Schalottenwürfel in dem Olivenöl abkühlen lassen.

3 Den Senf und den Essig in eine kleine Schüssel geben und so lange verquirlen, bis sich die Zutaten zu einer homogenen Masse verbunden haben. Den Estragon und die Schalotte unter die Sauce mischen. Nach Belieben mit Salz und Pfeffer abschmecken.

4 Die Sauce gleichmäßig auf den Champignonscheiben verteilen und nach Belieben mit frisch gemahlenem Pfeffer aus der Mühle bestreuen.

Schritt 1

Schritt 2

Schritt 3

Zubereiten **25** Min.

Pro Portion: 165 kcal/693 kJ;
1 g EW; 18 g F; 1 g KH

Typisch niederländisch

Eine eigenständige Landesküche, wie sie die Franzosen oder Italiener kennen, sucht man in den Niederlanden vergeblich. Vielmehr haben dort andere Nationen ihre Spuren hinterlassen, allen voran die einstige Kolonie Indonesien. Aber auch von den Franzosen wurde viel übernommen – wie dieses Rezept zeigt.

Kochtip

- Wer häufig mit Pilzen kocht, für den lohnt sich die Anschaffung einer speziellen Pilzbürste, mit der sich Schmutz auch gut aus den Lamellen entfernen läßt.
- Sie können die Pilze auch unter einen grünen Blattsalat mischen und mit der Sauce aus dem Rezept anmachen. Dazu passen getoastete Brotscheiben.

Serviertip

Die Champignons eignen sich sehr gut als Vorspeise zu panierten Schnitzeln mit Pommes Frites.

Dazu schmeckt eine Weißweinschorle oder ein gut gekühltes, helles Bier besonders lecker.

Ungarisches Tatarenbrot

Ungarn

Eine Vorspeise für Liebhaber der rustikalen Küche: Zartes Rinderhackfleisch wird nach ungarischer Art feurig gewürzt, mit Kapern verfeinert und auf knusprigem Brot angerichtet.

ZUTATEN
(Für 4 Portionen)

FÜR DAS TATAR

- 400 g doppelt durchgedrehtes Rinderfilet (siehe Zutaten- und Kochtip)
- 1 sehr frisches Eigelb
- 1 TL edelsüßes Paprikapulver
- Salz, schwarzer Pfeffer
- 2 TL scharfer Senf
- 1 EL Worcestersauce
- 1 Bund Schnittlauch

AUSSERDEM

- 8 Scheiben Weißbrot
- 1 kleine Zwiebel
- 1 kleine, grüne Paprikaschote
- 2 EL kleine Kapern

Zutatentip

Kaufen Sie das Rinderhackfleisch unbedingt erst am Tag der Zubereitung des Tatars, da es sehr schnell verdirbt.

1 Das Rinderhackfleisch in eine Schüssel geben. Das Eigelb mit dem Paprikapulver in einer Tasse verrühren, mit Salz und Pfeffer würzen und unter das Fleisch mischen.

2 Den Senf und die Worcestersauce mit einer Gabel unter die Hackfleischmasse mischen und alles gut verkneten.

3 Den Schnittlauch waschen und trockenschütteln. Dann in feine Röllchen schneiden und unter das Tatar mischen. Die Weißbrotscheiben goldbraun toasten und mit dem Tatar bestreichen.

4 Die Zwiebel schälen und in feine Ringe schneiden. Die Paprikaschote waschen und den Stielansatz in Form eines Deckels abschneiden. Dann die Paprikaschote von den Samensträngen befreien und ebenfalls in feine Ringe schneiden.

5 Die Tatarenbrote mit Zwiebel- sowie Paprikaringen belegen. Zum Schluß jede Brotscheibe mit Kapern garnieren.

Schritt 1

Schritt 2

Schritt 3

Zubereiten **15** Min.
Pro Portion: 306 kcal/1283 kJ; 27 g EW; 8 g F; 29 g KH

Typisch ungarisch

Eine Art Schabemett gab es lange bevor der Fleischwolf erfunden wurde. Wir verdanken es einer Horde wilder Reiter, die im Jahr 1241 Ungarn überfiel. Die Tataren, so heißt es, verstauten ihren Vorrat an rohem Fleisch unter dem Pferdesattel. Beim Reiten wurde es mürbe und erhielt so eine feine Konsistenz.

Kochtip

- Mit einem Fleischwolf können Sie das Hackfleisch selbst herstellen: Rinderfilet am Stück einfach zweimal hintereinander durch den Fleischwolf drehen.
- Übriggebliebenes Tatar kann man mit der gleichen Menge Semmelbrösel und 1 Ei vermischen, zu kleinen Fleischküchlein formen und beidseitig braun braten.

Serviertip

Nach dem Tatarenbrot bietet sich ein leichtes Gemüsegericht an, etwa überbackener Blumenkohl mit Butterbröseln.

Kühles Pils mundet am besten zu den kleinen Tatarenbroten. Kindern reichen Sie Malzbier.

GERÄUCHERTE FORELLE MIT JOGHURTMAYONNAISE

UNGARN

Mild geräucherte Forelle ist an sich schon eine Delikatesse. Hier wird sie mit leichter Joghurtmayonnaise, die mit Dill und Zitrone fein abgestimmt ist, zum kulinarischen Erlebnis.

ZUTATEN
(Für 4 Portionen)

- 4 geräucherte Forellenfilets

FÜR DIE MAYONNAISE
- 1 sehr frisches Eigelb
- 1 TL Dijon-Senf
- Salz, weißer Pfeffer
- 100 ml Sonnenblumenöl
- 150 g Joghurt
- 1 Bund Dill
- abgeriebene Schale von 1 unbehandelten Zitrone

AUSSERDEM
- 1 unbehandelte Zitrone
- 2 mittelgroße Tomaten
- ½ Salatgurke
- einige Kopfsalatblätter

ZUTATENTIP
Wer keine Zeit hat, die Joghurtmayonnaise selbst herzustellen, kann auch fertige Mayonnaise aus dem Glas nehmen und den Joghurt darunter rühren.

1 Für die Mayonnaise das Eigelb und den Senf gründlich verrühren. Mit Salz und Pfeffer nach Belieben würzen. Das Öl zuerst tropfenweise, dann in einem dünnen Strahl unter ständigem Rühren dazugeben, bis eine cremige Mayonnaise entstanden ist. Den Joghurt mit einem Löffel gut verrühren und eßlöffelweise unter ständigem Rühren mit der Mayonnaise mischen (siehe Kochtip).

Schritt 1

2 Den Dill waschen und trockenschütteln. 4 Zweige zum Garnieren beiseite legen. Von den restlichen Zweigen die Blättchen fein hacken. Den gehackten Dill und die Zitronenschale unter die Mayonnaise rühren.

Schritt 2

3 Die Zitrone heiß waschen, trockenreiben und in dünne Scheiben schneiden. Die Tomaten und die Gurke waschen, trockenreiben und in dünne Scheiben schneiden. Die Kopfsalatblätter waschen und trockentupfen.

4 Die Forellenfilets auf 4 Tellern anrichten. Die Mayonnaise auf den Forellenfilets verteilen. Jedes Filet mit Zitronen-, Tomaten- sowie Gurkenscheiben, Salatblättern und den beiseite gelegten Dillzweigen garnieren.

Schritt 4

Zubereiten **20** Min.
Pro Portion: 343 kcal/1436 kJ; 10 g EW; 32 g F; 4 g KH

TYPISCH UNGARISCH
Fisch findet sich sehr häufig auf dem Speisezettel der Ungarn, denn die Binnengewässer sind reich an Forellen, Zander, Hecht und Wels. Ein Paradies für Fischfreunde ist vor allem der Plattensee, auf ungarisch Balaton genannt, der größte See Mitteleuropas. Rund um sein Ufer bieten Fischbratereien ihre Delikatessen an.

Kochtip

- Sie können für die Herstellung der Mayonnaise sehr gut ein elektrisches Handrührgerät benutzen: Dafür am Anfang mit Stufe 2 arbeiten. Wenn Sie den Joghurt zufügen, auf Stufe 1 zurückschalten.
- Reste der Mayonnaise halten sich in einem verschlossenen Glas 3-4 Tage im Kühlschrank.

Serviertip

Wenn Sie noch in Butter geschwenkte Kartoffeln dazu reichen, wird aus der Vorspeise ein feiner Hauptgang.

In Ungarn trinkt man zu den geräucherten Forellen am liebsten ein leichtes, kühles Bier.

SERVIERTIP Bieten Sie als weitere Vorspeise knackigen, bunten Salat mit Kräutervinaigrette an.

In Rußland wird zu den Vorspeisen eisgekühlter, klarer oder aromatisierter Wodka getrunken.

*R*USSISCHE EIER »SANKT PETERSBURG«

RUSSLAND

Im Handumdrehen lassen sich aus Eiern kleine Kunstwerke zaubern, die zum Blickfang jeder Vorspeisenplatte werden. Eine russische Spezialität, die jeden zum Zugreifen verlockt.

ZUTATEN
(Für 8 Portionen)

- 8 Eier
- 50 g weiche Butter
- 2 EL Crème double
- 1 EL Mayonnaise
- ½ Bund Dill
- 2 Zweige Petersilie
- Salz, schwarzer Pfeffer
- 2 TL edelsüßes Paprikapulver
- 4 EL Semmelbrösel
- 3 EL geriebener Käse

AUSSERDEM

- Spritzbeutel mit Sterntülle
- 8 Sardellenfilets (siehe Zutatentip)
- 16 Kapern

ZUTATENTIP

Wer Sardellenfilets nicht mag, kann als Garnitur einige Dillspitzen verwenden. Auch Kaviar sieht sehr hübsch aus und gibt der Vorspeise zudem eine noch edlere Note.

1 Die Eier in einem Topf mit Wasser bedecken und in etwa 10 Minuten hart kochen. Abschrecken und abkühlen lassen. Dann schälen und vorsichtig längs halbieren.

2 Die Eigelbe mit einem Teelöffel herauslösen, durch ein feines Sieb streichen und mit der Butter, der Crème double und der Mayonnaise cremig verrühren.

Schritt 2

3 Den Dill und die Petersilie waschen und trockenschütteln. Die Blättchen abzupfen und fein hacken. Unter die Eigelbcreme mischen und mit Salz, Pfeffer sowie Paprikapulver würzen. Semmelbrösel und Käse vermischen und ebenfalls unterrühren.

Schritt 3

4 Die Creme in einen Spritzbeutel mit Sterntülle füllen und in die Eiweißhälften spritzen. Die Sardellenfilets mit kaltem Wasser abbrausen und mit Küchenpapier trockentupfen. Dann längs halbieren und quer durchschneiden. Jede gefüllte Eihälfte kreuzweise mit 2 Sardellenfiletstreifen belegen und je 1 Kaper darauf setzen. Die Eier auf einer großen Platte anrichten.

Schritt 4

Zubereiten **25** Min.
Pro Portion: 207 kcal/866 kJ;
10 g EW; 16 g F; 6 g KH

TYPISCH RUSSISCH

»Nach einem guten Essen ist der Mensch klüger«, sagen die Russen – dazu gehören auch Eier. Weltberühmt sind die »Russischen Eier«, die mit einer Füllung aus Mayonnaise, Hering und Kapern versehen werden. In Sankt Petersburg hat man das Rezept leicht abgewandelt.

Terrinen 3 x Anders

Feine Terrinen als Vorspeisen sind zwar etwas aufwendig herzustellen, doch die Ergebnisse lohnen Zeit und Mühe.

Schinkenterrine

Zubereiten **30** Min. Marinieren **3** Std. Garen **1** Std. **30** Min.

Schweden

(FÜR 12 PORTIONEN)

- **500 g Lachsschinken am Stück**
- **10 cl trockener Sherry**
- **je 250 g Schweine- und Kalbshackfleisch**
- **1 Knoblauchzehe**
- **6 gehackte Wacholderbeeren**
- **je ½ TL getrockneter Thymian, Majoran und gemahlene Muskatblüte**
- **2 EL gehackte Pistazien**
- **2 Eigelbe**
- **Salz, schwarzer Pfeffer**
- **4 Blatt weiße Gelatine**
- **200 ml Kalbsfond**

AUSSERDEM

- **1 Terrinenform (1½ l)**
- **Fett für die Form**

1 Vom Schinken längs einen 3 cm dicken Streifen abschneiden, diesen in 4 cl Sherry 3 Stunden marinieren. Einen Bräter, in den die Terrinenform paßt, 4 cm hoch mit Wasser füllen, in den Ofen stellen und diesen auf 180 °C vorheizen.

2 Übrigen Schinken würfeln, mit dem Hackfleisch mischen. Knoblauch schälen, dazupressen. Mit Gewürzen, Pistazien, 4 cl Sherry und Eigelben mischen. Salzen, pfeffern.

3 Form ausfetten, Hälfte der Hackmasse einfüllen. Schinken aus der Marinade nehmen, trockentupfen, darauf legen und mit der restlichen Masse bedekken. Zugedeckt im Wasserbad 1½ Stunden (Gas 2; Umluft 160 °C) garen. Abkühlen lassen.

4 Gelatine einweichen. Fond erhitzen, Gelatine darin auflösen. Abkühlen lassen, 2 cl Sherry zufügen. Über die Terrine gießen und erstarren lassen.

Hechtterrine mit

Zubereiten **45** Min.

Frankreich

(FÜR 12 PORTIONEN)

- **500 g Hechtfilet**
- **Salz, weißer Pfeffer**
- **geriebene Muskatnuß**
- **1 EL Zitronensaft**
- **150 g Crème double**
- **12 große Spinatblätter**
- **4 EL Schnittlauchröllchen**
- **500 g Lachsfilet**

AUSSERDEM

- **1 Terrinenform (1½ l)**
- **Fett für die Form**

1 Das Hechtfilet würfeln, mit dem Stabmixer pürieren und durch ein feines Sieb streichen. Die Masse mit Salz, Pfeffer und Muskatnuß nach Belieben sowie Zitronensaft würzen. Dann die Crème double unterheben.

LACHSFÜLLUNG

Garen **1** Std. **30** Min.

2 Spinat waschen, 1 Minute in Salzwasser blanchieren, abschrecken, trockentupfen und auf einem Brett ausbreiten.

3 Einen Bräter, in den die Terrinenform paßt, 4 cm hoch mit Wasser füllen. In den Backofen stellen und auf 150 °C vorheizen. Die Form ausfetten.

4 Schnittlauch auf die Spinatblätter streuen. Lachs in 2 cm dicke Streifen schneiden, salzen, auf die Spinatblätter legen, einrollen. Die Hälfte der Hechtfarce in die Terrine füllen, eingerollte Lachsstreifen darauf legen. Mit restlicher Farce bedecken. Zugedeckt im Wasserbad (Gas 1; Umluft 130 °C) 1½ Stunden garen. Abkühlen lassen. In Scheiben schneiden.

KÄSETERRINE MIT TRAUBEN

Zubereiten **45** Min. Kühlen **4** Std.

AUSTRALIEN

(FÜR 12 PORTIONEN)

- **4 Blatt weiße Gelatine**
- **3 große Mangoldblätter**
- **Salz, weißer Pfeffer**
- **300 g Weichkäse (etwa 45% Fett i.Tr.) oder Quark (40% Fett i.Tr.)**
- **200 g Crème fraîche**
- **2 EL Pistazien**
- **je 1 Bund Petersilie und Dill**
- **½ Bund Estragon**
- **100 g kernlose weiße Weintrauben**

AUSSERDEM

- **1 Kastenform (1½ l)**
- **Frischhaltefolie, Öl**

1 Gelatine in kaltem Wasser einweichen. Mangold waschen, 2 Minuten in Salzwasser blanchieren, kalt abschrecken. Zwischen Küchenpapier ausbreiten und trockentupfen. Die Mittelrippen herausschneiden.

2 Form mit Öl ausfetten und mit Frischhaltefolie auslegen. Mit 2 Mangoldblättern auslegen.

3 Die Gelatine ausdrücken, in einer Schöpfkelle bei geringer Hitze in einem heißen Wasserbad auflösen. Den Käse durch ein Sieb streichen, mit der Crème fraîche, den Pistazien und der Gelatine vermischen. Salzen, pfeffern und ein Drittel davon abnehmen.

4 Kräuter waschen, trockenschütteln und hacken. Unter die restliche Masse mischen, die Hälfte davon in die Form füllen. Trauben waschen, trockentupfen. 50 g Trauben auf der Masse in der Form verteilen. Die Masse ohne Kräuter darauf geben. Restliche Trauben darüberstreuen und mit der übrigen Käse-Kräuter-Masse bedecken.

5 Das letzte Mangoldblatt darauf legen und die Terrine mit Frischhaltefolie bedeckt etwa 4 Stunden kühl stellen.

Hähnchenbrust mit »Crema de Pimientos«

Spanien

Die in Wein und Kräutern sanft gedünsteten Hähnchenbrustfilets werden durch eine pikant abgeschmeckte Paprikacreme perfekt ergänzt und sind als sommerliche Vorspeise ideal.

ZUTATEN
(Für 4 Portionen)

- 4 Hähnchenbrustfilets (etwa 800 g)
- ¼ l Hühnerbrühe
- ¼ l Weißwein
- 1 TL getrockneter Thymian
- 1 Lorbeerblatt

FÜR DIE SAUCE

- 3 rote Paprikaschoten (650 g; siehe Zutatentip)
- 4-6 EL Weißweinessig
- 4 Knoblauchzehen
- 250 ml Olivenöl
- Salz, schwarzer Pfeffer aus der Mühle
- 1 TL getrockneter Thymian
- 100 g grüne, mit Paprika gefüllte Oliven

Zutatentip

Wer gerne scharf ißt, kann mit den Paprikaschoten noch 1 rote Chilischote pürieren. Dann sollten Sie aber auf den schwarzen Pfeffer verzichten.

1 Die Hähnchenbrustfilets unter fließend kaltem Wasser waschen und mit Küchenpapier trockentupfen. Die Hühnerbrühe, den Wein, den Thymian und das Lorbeerblatt in einen Topf geben und erhitzen. Dann die Hähnchenbrustfilets darin bei schwacher bis mittlerer Hitze in etwa 20 Minuten gar ziehen und in der Brühe abkühlen lassen.

Schritt 1

2 Für die Sauce die Paprikaschoten halbieren, von Stielansätzen und Samensträngen befreien, waschen und würfeln. Die Paprikawürfel mit 4 EL von der Brühe und 4 EL Essig in eine Schüssel geben und 1 Stunde ziehen lassen. Dann bei schwacher Hitze in einem Topf 10 Minuten köcheln lassen.

Schritt 2

3 Den Knoblauch schälen und mit den Paprikastücken und der Flüssigkeit mit dem Stabmixer pürieren, dabei nach und nach das Olivenöl zufügen. Mit Salz, Pfeffer, Thymian und restlichem Essig abschmecken.

Schritt 3

4 Das Fleisch aus der Brühe nehmen, in dünne Scheiben schneiden und auf einer Servierplatte anrichten. Die Sauce darübergießen. Oliven in Scheiben schneiden und darauf verteilen. Mit Pfeffer bestreuen.

Zubereiten 40 Min.
Marinieren 1 Std.
Pro Portion: 859 kcal/3594 kJ; 38 g EW; 69 g F; 12 g KH

Typisch spanisch

Fruchtige rote Paprikaschoten bauen vor allem die Südspanier im großen Stil an. Doch die originellsten Rezepte kommen vom anderen Ende des Landes: Vom Westen Aragoniens bis zur Provinz Navarra wird aus den aromatischen Schoten häufig eine pikante Sauce für Geflügel, Fisch und Fleisch gezaubert.

KOCHTIP

- Die Paprikacreme schmeckt auch hervorragend zu Kalb-, Rind- und Putenfleischscheiben.
- Bereiten Sie die Creme statt mit Paprika einmal mit Brokkoli zu: Gemüse kurz in Öl anbraten, dann 100 ml Brühe und 4 EL Essig angießen. 10 Minuten dünsten, pürieren, 200 ml Olivenöl untermixen und würzen.

SERVIERTIP

Sie können das Hähnchenfleisch auch als Grillspieße reichen und Paprikacreme sowie Oliven dazu servieren.

Trockener Sherry, der überall in Spanien zur Vorspeise getrunken wird, ist hier genau richtig.

RINDERFILET »CARPACCIO«

ITALIEN

Hauchdünne Rinderfiletscheiben in einem säuerlichen Olivenöldressing leiten – zusammen mit Champignons und frischen Parmesanspänen – jedes italienische Menü gebührend ein.

ZUTATEN
(Für 4 Portionen)

- 500 g Rinderfilet (siehe Zutatentip)
- 100 g Champignons
- 140 ml Olivenöl
- 4 EL Zitronensaft
- Salz, schwarzer Pfeffer aus der Mühle
- 50 g junger Parmesan am Stück

AUSSERDEM

- Frischhaltefolie
- 2 Zweige Basilikum

ZUTATENTIP

Das wichtigste für ein gutes Carpaccio ist die Fleischqualität. Kaufen Sie deshalb möglichst Fleisch aus ökologischer Tierhaltung, bei der die Rinder artgerecht gehalten und gefüttert werden. Das Rindfleisch ist zwar etwas teurer, schmeckt jedoch wesentlich aromatischer.

1 Das Rinderfilet in Frischhaltefolie wickeln und für etwa 45 Minuten ins Tiefkühlfach legen, so daß es rundum angefroren ist. Herausnehmen und mit einem sehr scharfen Messer in hauchdünne Scheiben schneiden (siehe Kochtip). Die Fleischscheiben fächerförmig auf 4 Tellern anordnen.

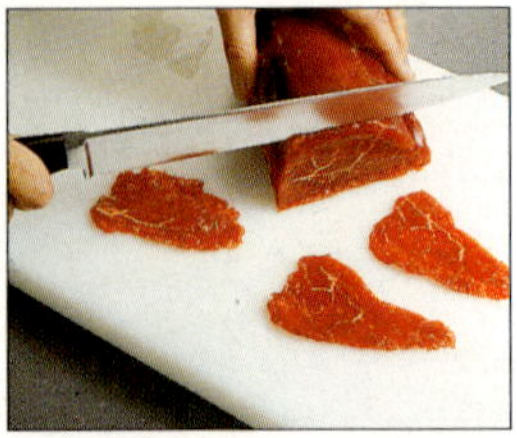

Schritt 1

2 Die Champignons putzen und mit einem feuchten Tuch abreiben. Dann in sehr dünne Scheiben schneiden und auf einem Teller beiseite stellen.

Schritt 2

3 Das Olivenöl, den Zitronensaft und 1 Msp. Salz in einer kleinen Schüssel mit einem Schneebesen zu einem cremigen Dressing verrühren. Dann gleichmäßig über die Fleischscheiben gießen. Die Champignons darüber verteilen. Den Parmesan dünn hobeln und ebenso auf den Fleischscheiben verteilen. Alles nach Belieben mit schwarzem Pfeffer aus der Mühle bestreuen.

Schritt 3

4 Das Basilikum waschen und trockenschütteln. Die Blättchen abzupfen und die Fleischscheiben damit garnieren. Das Carpaccio sofort servieren.

Zubereiten **30** Min.
Gefrieren **45** Min.
Pro Portion: 371 kcal/1556 kJ; 31 g EW; 27 g F; 2 g KH

TYPISCH VENEZIANISCH

Rind steht besonders bei den Bewohnern der Po-Ebene hoch im Kurs. Das wohl berühmteste Rezept soll aus »Harry's Bar« in Venedig stammen: Der Besitzer Cipriani, Gastronom und Kunstliebhaber in einer Person, wollte damit dem Renaissance-Maler Vittore Carpaccio ein lukullisches Denkmal setzen.

Kochtip

- Halten Sie beim Schneiden das Fleisch immer so, daß die Fingerkuppen senkrecht dazu stehen. Dann ist die Verletzungsgefahr gering, denn falls Sie mit dem Messer abrutschen, gleitet dieses an den Kuppen ab.
- Damit die Scheiben hauchdünn werden, diese zwischen Frischhaltefolie mit dem Nudelholz flach rollen.

Serviertip

Gegrillte Goldbrasse mit gedünstetem Radicchio ist das perfekte Hauptgericht nach dem exquisiten Carpaccio.

Prosecco rundet die Vorspeise gut ab. Kindern servieren Sie Mineralwasser mit etwas Zitronensaft.

VITELLO TONNATO

ITALIEN

ZUTATEN
(Für 4 Portionen)

- 1 Bund Suppengrün
- 1 l Kalbsfond
- 100 ml Weißwein
- 2 Lorbeerblätter
- 750 g Kalbsnuß

FÜR DIE SAUCE

- 2 Anchovisfilets
- 1 Dose Thunfisch (150 g) (siehe Zutatentip)
- 50 ml Olivenöl
- 1 EL Zitronensaft
- 100 g Schlagsahne
- 2 EL Kapern
- Salz, weißer Pfeffer

ZUTATENTIP

Thunfisch gibt es in Öl oder in einem Sud eingelegt. Wenn Sie den in Öl eingelegten kaufen, halbieren Sie die Olivenölmenge und geben Sie etwa 150 g Schlagsahne dazu.

Diese edle Piemonteser Spezialität gehört zu den Klassikern der italienischen Küche. Dafür wird Kalbfleisch in Weißweinfond gegart und mit sahniger Thunfisch-Kapern-Sauce serviert.

1 Das Suppengrün abbrausen, trockentupfen, putzen und in Stücke schneiden. Mit dem Kalbsfond, dem Wein und den Lorbeerblättern in einen großen Topf geben und zum Kochen bringen. Das Kalbfleisch zufügen und alles 1½ Stunden garen.

Schritt 1

2 Für die Sauce die Anchovisfilets etwa 10 Minuten wässern, trockentupfen und kleinschneiden. Den Thunfisch mit einer Gabel zerpflücken und mit den Anchovisfilets, dem Olivenöl, dem Zitronensaft und der Sahne in eine Schüssel geben. Mit dem Stabmixer pürieren. Etwa 2-3 EL von der Fleischbrühe zufügen und nochmals aufschlagen. Die Kapern unterheben. Mit Salz und Pfeffer abschmecken.

Schritt 2

3 Das Fleisch aus der Brühe nehmen, abkühlen lassen und in dünne Scheiben schneiden. Etwas von der Sauce auf eine Servierplatte gießen, die Scheiben darauf anrichten und die restliche Sauce darübergießen. Mindestens 4 Stunden oder am besten über Nacht durchziehen lassen.

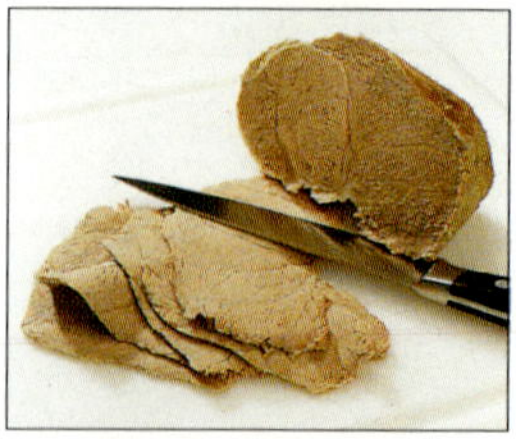

Schritt 3

Zubereiten **20** Min.
Garen **1** Std. **30** Min.
Marinieren **4** Std.
Pro Portion: 518 kcal/2168 kJ;
41 g EW; 36 g F; 5 g KH

TYPISCH PIEMONTESISCH

Die Piemonteser legen noch mehr Wert auf »Antipasti« als ihre übrigen Landsleute. Kein Wunder, daß auch diese delikate Kombination aus Fleisch und Fisch eine Erfindung aus dem Piemont ist. Dabei gilt als goldene Regel für den Küchenchef: je jünger das Kalb, desto schmackhafter das Fleisch.

Kochtip

• Wer der Sauce eine andere Geschmacksrichtung geben möchte und das intensive Aroma der Kapern besonders hervorheben will, kann die Kapern zusammen mit den anderen Saucenzutaten pürieren.

• Probieren Sie dieses Rezept einmal mit einem Putenrollbraten. Die Garzeit bleibt dabei gleich.

Serviertip

Nach der leckeren Vorspeise paßt nichts besser als ein Teller Spaghetti mit Muscheln (Spaghetti alle vongole).

Trinken Sie zu »Vitello tonnato« einen leichten Rotwein, etwa einen Bardolino vom Gardasee.

SERVIERTIP Mit gemischtem, mariniertem Gemüse erhalten Sie eine komplette Vorspeisenplatte.

Zu Antipasti servieren Sie am besten Weißwein, etwa einen Soave oder Lugana aus Venetien.

Tomaten mit Mozzarella-Gemüse-Füllung

Italien

Italienische Antipasti zeichnen sich durch ihre kreative Note aus, wie dieses Rezept unter Beweis stellt: Tomaten erhalten eine raffinierte Füllung aus Gemüse- und Mozzarellawürfeln.

Zutaten
(Für 4 Portionen)

- 4 große Tomaten (400 g)

Für die Füllung

- Salz, schwarzer Pfeffer aus der Mühle
- 6 schwarze Oliven
- 1 Schalotte
- 1 kleine Zucchini
- 125 g Mozzarella (siehe Zutatentip)
- 1 Bund Basilikum
- 3 EL Olivenöl
- 1 TL Aceto balsamico

Zutatentip

Traditionell aus Büffelmilch hergestellter Mozzarella ist nur selten erhältlich und recht teuer. Im Handel überwiegen günstigere Sorten aus Kuhmilch, die geschmacklich ebenfalls sehr gut sind. Zur Abwechslung können Sie die Tomaten auch einmal mit mildem Schafskäse füllen.

1 Die Tomaten waschen und mit Küchenpapier trockenreiben. Von den Tomaten an der Seite ohne Stielansatz einen etwa 1 cm hohen Deckel abschneiden. Dann die Tomaten mit einem Teelöffel aushöhlen und innen mit Salz sowie Pfeffer bestreuen.

2 Die Oliven entsteinen und kleinschneiden. Die Schalotte schälen und in kleine Würfel schneiden. Die Zucchini waschen, trockenreiben und von den Enden befreien. Dann die Zucchini würfeln. Den Mozzarella in kleine Würfel schneiden.

3 Das Basilikum waschen und trockenschütteln. 4 kleine Zweige zum Garnieren beiseite legen. Vom restlichen Basilikum die Blättchen abzupfen und hacken. Das Olivenöl mit dem Aceto balsamico verrühren. Mit Salz und Pfeffer würzen. Mit den Oliven, den Zucchini-, Schalotten- und Mozzarellawürfeln sowie dem gehackten Basilikum vermischen.

4 Zum Servieren die Zucchini-Mozzarella-Mischung mit einem Löffel in die ausgehöhlten Tomaten füllen und diese auf Teller setzen. Die Tomatendeckel darauf setzen oder daneben legen. Mit den beiseite gelegten Basilikumzweigen garnieren.

Schritt 1

Schritt 2

Schritt 4

Zubereiten **25** Min.
Pro Portion: 205 kcal/860 kJ;
9 g EW; 18 g F; 3 g KH

Typisch Capri

Längst haben sich die Italiener für den Küchenklassiker »Insalata Caprese« neue Variationen ausgedacht. Tomaten, Mozzarella und Basilikum spielen auch bei diesem Rezept die Hauptrolle. Der milde Käse kommt in zahlreichen Gerichten der süditalienischen Küche zum Einsatz.

KARTOFFELPASTE AUF GRIECHISCHE ART

GRIECHENLAND

Auf einem griechischen Vorspeisenteller darf diese cremige Kartoffelpaste auf keinen Fall fehlen. Sie erhält durch Knoblauch, Mandeln, Zitrone und Olivenöl ihr besonderes Aroma.

ZUTATEN
(Für 4 Portionen)

- 400 g vorwiegend festkochende Kartoffeln
- 2 EL gemahlene Mandeln
- 2-4 Knoblauchzehen
- 1 Zitrone
- 6 EL Olivenöl
- 7 EL Hühnerbrühe (siehe Zutatentip)
- Salz

AUSSERDEM
- einige Blätter Kopfsalat
- 12 schwarze Oliven (siehe Zutatentip)

ZUTATENTIP
- Die Hühnerbrühe können Sie auch durch Geflügelfond aus dem Glas ersetzen.
- Versuchen Sie, griechische Oliven zu erhalten, die besonders fein schmecken.

1 Die Kartoffeln waschen und in einem Topf mit wenig Wasser in 20 Minuten garen. Abgießen, ausdampfen lassen und sofort pellen. Noch heiß durch eine Kartoffelpresse in eine Schüssel drücken.

2 Die Mandeln zufügen. Den Knoblauch schälen und durch die Presse dazudrücken. Alles sorgfältig vermischen. Den Saft der Zitrone auspressen und zusammen mit dem Olivenöl und der Hühnerbrühe zur Kartoffelmasse geben. Alle Zutaten kräftig zu einer glatten, cremigen Paste verrühren und diese mit Salz würzen.

3 Die Salatblätter kalt abbrausen und trockenschleudern. Eine Schüssel damit auslegen und die Kartoffelpaste darauf füllen.

4 Die Oliven mit kaltem Wasser abbrausen und gut abtropfen lassen. Die Paste vor dem Servieren mit den Oliven garnieren.

Schritt 1

Schritt 2

Schritt 3

Zubereiten **50** Min.
Pro Portion: 338 kcal/1416 kJ; 7 g EW; 27 g F; 17 g KH

TYPISCH GRIECHISCH
Pasten und Pürees werden in Griechenland gerne als Dip für Weißbrot oder Grillfleisch verwendet und gehören zu jeder griechischen Vorspeisenauswahl. Vier davon haben sich auch in Deutschland zu Klassikern gemausert: Tzatzíki, Fischrogenpaste, Auberginenpüree und diese kalte, würzige Kartoffelpaste.

Kochtip

- Wer Kalorien sparen möchte, kann die Mandeln auch weglassen – dadurch wird die Paste leichter. Verwenden Sie dann aber nur 5 EL Hühnerbrühe.
- Diese Vorspeise läßt sich sehr gut vorbereiten und aus übriggebliebenen Kartoffeln vom Vortag herstellen. Sie hält sich abgedeckt im Kühlschrank 2-3 Tage.

Serviertip

Servieren Sie die Paste als Teil einer Vorspeisentafel mit Brot. Als Hauptgang fritierte Kalamares anbieten.

Dazu schmeckt ein feinharziger Retsina ausgezeichnet. Zusätzlich können Sie Eiswasser reichen.

Artischockengemüse »Istanbul«

Türkei

Wer gerne Artischocken ißt, sollte seine Rezeptesammlung mit dieser türkischen Variation bereichern. Sie wird vor allem an heißen Sommertagen begeisterte Abnehmer finden.

ZUTATEN

(Für 4 Portionen)

- 4 große Artischocken (siehe Zutatentip)
- 2 Zitronen
- 1 EL Mehl
- Salz, schwarzer Pfeffer
- 8 Schalotten
- 2 Möhren (etwa 200 g)
- 100 g Knollensellerie
- 200 g Kartoffeln
- 7 EL Olivenöl
- 1 TL Zucker
- 50 g Tiefkühl-Erbsen
- ½ Bund Dill

Zutatentip

Frische Artischocken sind in guter Qualität und unterschiedlichen Größen ganzjährig erhältlich. Wenn Ihnen das Vorbereiten des Gemüses jedoch zu aufwendig ist, können Sie auf konservierte Artischockenböden aus Glas oder Dose zurückgreifen.

1 Die Artischocken waschen. Die äußeren Blätter entfernen, bis die hellen Innenblätter zum Vorschein kommen. Dann mit einem scharfen Messer etwa das obere Drittel der noch verbliebenen Blätter abschneiden und das Heu entfernen. Den Stiel bis auf 2 cm mit einem Sägemesser abschneiden. Die Zitronen auspressen. Den Saft mit 1 l Wasser, dem Mehl und 1 TL Salz in einer Schüssel verrühren. Die Artischocken hineingeben.

Schritt 1

2 Die Schalotten schälen und kleinwürfeln. Die Möhren, den Knollensellerie und die Kartoffeln waschen und schälen. Die Möhren in Scheiben schneiden, den Sellerie und die Kartoffeln grob würfeln.

Schritt 2

3 Öl, Zucker und 1 Prise Pfeffer in einem Topf erwärmen. Vorbereitetes Gemüse hineingeben, die Artischockenböden hinzufügen. Mit Artischockenwasser bedecken. Zugedeckt bei mittlerer Hitze 40 Minuten garen.

4 Erbsen 15 Minuten vor Ende der Garzeit dazugeben. Dill waschen, trockenschütteln. Etwas für die Garnitur beiseite legen, den Rest hacken. Das Gemüse abkühlen lassen. Gehackten Dill untermischen und die Artischocken mit Dill garniert anrichten.

Schritt 4

Zubereiten **1** Std. **20** Min.

Pro Portion: 302 kcal/1265 kJ; 6 g EW; 22 g F; 19 g KH

Typisch türkisch

In den fruchtbaren Küstenregionen der Türkei gedeihen zahlreiche, aromatische Gemüsesorten, die nicht nur den türkischen Küchenzettel bereichern. Dazu gehören auch Artischocken. »Fliegende Händler« kommen mit vollbeladenen Karren in die Städte, um ihre erntefrischen Waren direkt ins Haus zu liefern.

KOCHTIP

Junge Artischocken schmecken auch als Ganzes gekocht hervorragend: Dazu das Gemüse waschen und in Essig oder Zitronenwasser etwa 30 Minuten garen. Von den äußeren Blättern ißt man das innere Fleisch, die harte Hülle bleibt auf dem Teller liegen.

SERVIERTIP

Als Hauptgericht bieten sich gegrillte Lammkoteletts mit Okraschoten, Paprikas, Zwiebeln und Tomaten an.

Dazu paßt ein trockener Weißwein, etwa ein Doluca, hervorragend oder einfach schwarzer Tee.

SERVIERTIP Reichen Sie dazu Bauernweißbrot. Danach können Sie Reis-Pilaw mit Lamm servieren.

Raki, ein türkischer Anisschnaps, darf in der Türkei zu den Vorspeisen niemals fehlen.

GRÜNE BOHNEN IN OLIVENÖL

TÜRKEI

Die aromatischen, breiten Stangenbohnen gehen bei dieser türkischen Vorspeise eine ideale Verbindung mit Tomaten und Schalotten ein – da wird kaum einer widerstehen können.

ZUTATEN
(Für 4 Portionen)

- 500 g Stangenbohnen (siehe Zutatentip)
- 2 Schalotten (siehe Zutatentip)
- 1 große Fleischtomate
- 6 EL Olivenöl
- Salz, weißer Pfeffer
- ¼ l Gemüsefond

AUSSERDEM

- 1 unbehandelte Zitrone zum Garnieren

ZUTATENTIP

- Achten Sie beim Einkauf darauf, daß die Bohnen jung und knackig sind. Dann brauchen sie beim Putzen auch nicht entfädelt zu werden.
- Schalotten sind kleine, besonders milde Zwiebeln. Sie geben dem Gericht einen feinen Geschmack. Ersatzweise können Sie eine kleine Zwiebel verwenden.

1 Die Bohnen in ein Sieb geben, mit kaltem Wasser abbrausen und abtropfen lassen. Die Enden mit einem Küchenmesser entfernen und die Bohnen eventuell entfädeln. Die Bohnen schräg in etwa 4 cm lange Stücke schneiden.

Schritt 1

2 Die Schalotten schälen und würfeln. Die Tomate abbrausen, trockenreiben und in feine Würfel schneiden.

Schritt 2

3 Das Olivenöl in einem großen Topf erhitzen. Die Schalotten darin unter Rühren glasig werden lassen. Die Bohnen und die Tomate zufügen. Alles 8 Minuten unter häufigem Rühren bei mittlerer Hitze dünsten.

4 Das Gemüse kräftig mit Salz und Pfeffer würzen. Dann den Gemüsefond angießen und alles zugedeckt in etwa 12 Minuten bei schwacher Hitze garen.

Schritt 4

5 Das Bohnengemüse abkühlen lassen und auf einem Teller oder einer Servierplatte anrichten. Die Zitrone heiß waschen, trockenreiben, in dünne Scheiben schneiden und dekorativ neben den Bohnen anrichten.

Zubereiten **40** Min.
Pro Portion: 218 kcal/917 kJ;
4 g EW; 20 g F; 7 g KH

TYPISCH TÜRKISCH

In der Türkei kommt keine Vorspeise ohne das täglich frisch gebackene Fladenbrot auf den Tisch. Weil die Nomaden den Geschmack des Brotes sehr schätzten, backten sie die Fladen auch nicht traditionell im Ofen, sondern auf einem Backblech über dem offenen Feuer.

Käsebällchen auf libanesische Art

Libanon

Cremige Bällchen aus drei Frischkäsesorten, Pinienkernen und allerlei Gewürzen werden in gehackter Minze gewendet. Verwöhnen Sie Ihre Gäste mit diesem libanesischen Genuß.

ZUTATEN
(Für 4 Portionen)

- 100 g griechischer Schafskäse (Feta)
- 100 Ziegenfrischkäse (siehe Zutatentip)
- 100 g Doppelrahmfrischkäse
- 60 g Pinienkerne
- 1 Knoblauchzehe
- ½ TL gemahlener Kreuzkümmel
- 1 Prise Cayennepfeffer
- Salz, schwarzer Pfeffer aus der Mühle
- 2 Bund Minze
- 2 EL Olivenöl

Zutatentip

Ziegenfrischkäse erhalten Sie an der Käsetheke des Supermarktes. Wer ihn nicht mag, verwendet je 150 g Schafskäse und Doppelrahmfrischkäse für die Bällchen.

1 Den Schafskäse, den Ziegenfrischkäse und den Doppelrahmfrischkäse in eine Schüssel geben und mit einer Gabel gut zerdrücken. Danach gründlich vermischen.

Schritt 1

2 Die Pinienkerne mit einem großen Messer oder mit einem Blitzhacker kleinhacken. Die Knoblauchzehe schälen und durch die Presse drücken.

3 Die Pinienkerne, den Knoblauch, den Kreuzkümmel und den Cayennepfeffer unter die Käsemasse mischen. Die Mischung nach Belieben mit Salz und Pfeffer würzen. Aus der Käsemasse mit den Händen etwa 16 walnußgroße Bällchen formen.

Schritt 3

4 Die Minze kalt abbrausen und trockenschütteln. Die Blättchen von den Stengeln zupfen und fein hacken. Dann auf einem flachen Teller oder einer Arbeitsfläche verteilen. Das Olivenöl auf einen Teller geben und die Käsebällchen zuerst im Öl, dann in der gehackten Minze wälzen.

Schritt 4

Zubereiten **30** Min.
Pro Portion: 371 kcal/1555 kJ;
14 g EW; 34 g F; 3 g KH

Typisch libanesisch

Der Libanon, nördlich von Israel an der Levante gelegen, war seit der Antike vielen europäischen Einflüssen ausgesetzt. Die Römer hinterließen, wie vor ihnen die Griechen und danach die Kreuzritter aus Frankreich, England und Deutschland, ihre Spuren. Durch sie hat die libanesische Küche ihre Vielfalt erfahren.

Kochtip

Dieses Rezept läßt sich wunderbar zu einem kleinen Imbiß variieren, den Sie zum Aperitif reichen können: Statt Bällchen zu formen, können Sie die feingehackte Minze gleich unter die Käsemischung geben und diese dann als Dip für Cracker oder Toastbrot servieren. Dazu schwarze und grüne Oliven reichen.

Serviertip

Ein Bulgur-Tomaten-Salat mit reichlich gehackten Korianderblättern ergänzt die Käsebällchen sehr gut.

Dazu schmeckt gekühlter schwarzer Tee oder Pfefferminztee mit einem Spritzer Zitronensaft.

Mariniertes Gemüse mit Pinienkernen

Israel

Möhren, Zucchini, Champignons und Frühlingszwiebeln werden kurz gedünstet und mit einer süß-sauren Marinade verfeinert. Geröstete Pinienkerne bringen zusätzlichen »Biß«.

ZUTATEN
(Für 4 Portionen)

- 2 kleine Möhren
- 3 kleine Zucchini
- 150 g kleine Champignons
- 1 Bund Frühlingszwiebeln
- 3 Knoblauchzehen
- 7 EL Olivenöl (siehe Zutatentip)
- ½ TL getrockneter Thymian
- Salz, schwarzer Pfeffer
- 4-6 EL Aceto balsamico
- 1 TL Honig
- 30 g Pinienkerne

Zutatentip

Olivenöl erhalten Sie in zwei Qualitäten. Das hochwertige »native Olivenöl extra« nimmt man besonders für Salatsaucen und Marinaden. Die zweite Qualität »natives Olivenöl« ist ein sehr gutes Koch- und Bratöl, da es sich auf 210 °C erhitzen läßt, ohne seine Inhaltsstoffe einzubüßen.

1 Die Möhren schälen. Die Zucchini kalt waschen, trockenreiben und von den Enden befreien. Möhren und Zucchini in ½ cm dicke Scheiben schneiden (siehe Kochtip). Die Champignons putzen. Die Frühlingszwiebeln waschen, putzen und trockentupfen. Dann in 4 cm lange Stücke schneiden. Den Knoblauch schälen und in feine Würfel schneiden.

Schritt 1

2 Das Olivenöl in einer Pfanne erhitzen. Die Möhren hinzufügen und 3 Minuten dünsten, die Champignons dazugeben und etwa 4 Minuten mit andünsten. Dann die Frühlingszwiebeln, die Zucchinischeiben und die Knoblauchwürfel dazugeben und alles weitere 3 Minuten dünsten.

Schritt 3

3 Das Gemüse mit Thymian, Salz und Pfeffer würzen. Den Aceto balsamico mit dem Honig gut verrühren. Die Mischung mit einem Kochlöffel unter das Gemüse in der Pfanne rühren. Dann das Gemüse in der Pfanne abkühlen lassen.

Schritt 4

4 Die Pinienkerne in einer Pfanne ohne Fett goldbraun rösten und vor dem Servieren über das Gemüse streuen.

Zubereiten **40** Min.

Pro Portion: 285 kcal/1194 kJ; 5 g EW; 25 g F; 9 g KH

Typisch israelisch

Die jüdische Küche ist ausgesprochen reich an kleinen Köstlichkeiten, die vor einem großen Mahl gereicht werden. Bei vielen »Meze«, wie die Vorspeisen dort genannt werden, bildet Gemüse die Grundlage. Mal wird es gedünstet und mariniert, mal gegrillt und zusätzlich mit einer gut gekühlten Joghurtsauce serviert.

Kochtip

- Wenn Sie die Möhren und die Zucchini mit einem Buntmesser – das ist ein Messer mit gezackter Klinge – schneiden, sehen die Scheiben noch dekorativer aus.
- Geben Sie dem Gemüse eine zusätzliche, landestypische Note und dünsten Sie einfach 2 EL Rosinen mit an. Dann sollten Sie aber den Thymian weglassen.

Serviertip

Das Gemüse schmeckt nicht nur als Vorspeise, sondern auch als Beilage zu gegrillten Hähnchenschenkeln.

Erfrischend ist ein Mixgetränk aus je 1 Glas Milch und Orangensaft und 1 pürierten Avocado.

Syrische Kräuter-Joghurt-Creme

Syrien

Zutaten
(Für 4 Portionen)

- 500 g Joghurt (siehe Zutatentip)
- ½ Bund Petersilie
- ½ Bund Minze
- ½ Bund Dill
- 100 g Schafskäse (z. B. Feta)
- 2 Knoblauchzehen
- 1 EL Zitronensaft
- 1 rote Peperoni
- 50 g schwarze Oliven

AUSSERDEM

- 1 dünnes Baumwolltuch

Zutatentip

Am besten eignet sich für diese Vorspeise griechischer Joghurt, weil er besonders cremig ist. Sie können ihn in griechischen oder türkischen Geschäften oder im gutsortierten Supermarkt kaufen.

Ob zu gegrilltem Fleisch oder zu Rohkost serviert – die erfrischende Joghurtcreme mit pikanter Schärfe und orientalischer Kräutermischung steht in Syrien häufig auf dem Tisch.

1 Ein Sieb mit einem dünnen Baumwolltuch auslegen und den Joghurt darin etwa 20 Minuten abtropfen lassen.

Schritt 1

2 Inzwischen die Petersilie, die Minze und den Dill kurz mit kaltem Wasser abbrausen und trockenschütteln. Einige Zweige Dill und Minze zum Garnieren beiseite legen. Von den restlichen Zweigen die Blättchen abzupfen und sehr fein hacken.

3 Den Schafskäse in einer Schüssel mit einer Gabel gut zerdrücken und die Kräuter hinzufügen. Den Knoblauch schälen und durch die Presse drücken. Dann zusammen mit dem Zitronensaft gründlich unter die Käsemasse mischen. Zum Schluß den gut abgetropften Joghurt unterrühren. Die Creme für etwa 1 Stunde in den Kühlschrank stellen.

Schritt 3

4 Die Peperoni längs aufschlitzen, von Stielansatz sowie Samensträngen befreien und waschen. Dann in sehr dünne Ringe schneiden. Die Peperoniringe und die Oliven erst kurz vor dem Servieren auf die Creme geben. Die Creme mit den beiseite gelegten Dill- und Minzezweigen garnieren.

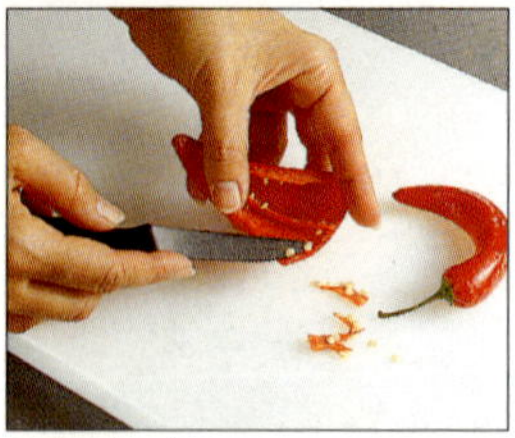

Schritt 4

Zubereiten **30** Min. Kühlen **1** Std.
Pro Portion: 196 kcal/818 kJ;
9 g EW; 14 g F; 7 g KH

Typisch syrisch

Schon seit der Zeit, als die Einwohner zum großen Teil Nomaden waren, ist Joghurt ein Grundbestandteil der syrischen Küche. Die Syrer gewinnen ihn nicht nur aus Kuhmilch, sondern auch aus Schafs- sowie Ziegenmilch. Joghurt verleiht den meist kräftig gewürzten landestypischen Speisen seine Milde.

Kochtip

- Stellen Sie nur soviel Creme her, wie sofort gegessen wird, denn schon kurze Zeit nachdem die Oliven und die Peperoni darauf gestreut worden sind, verfärbt sich die Creme und sieht nicht mehr schön aus.
- Sie können die Creme variieren, indem Sie je 1 EL Gurken- und Paprikawürfel untermischen.

Serviertip

Die Joghurtcreme paßt als Dip zu einer bunten Rohkostplatte sehr gut. Reichen Sie zusätzlich frisches Fladenbrot.

Servieren Sie leicht gesüßten grünen Tee, der mit frischen Minzeblättchen aromatisiert wird.

MARINIEREN 3 x ANDERS

Marinaden sind im Handumdrehen gerührt und verleihen Fleisch, Fisch und Gemüse ein wunderbares Aroma.

FISCH AUF JAMAIKANISCHE ART

Zubereiten **30** Min. Marinieren **2** Std.

JAMAIKA

(FÜR 4 PORTIONEN)

- **400 g Makrelenfilets**
- **Salz, schwarzer Pfeffer**
- **Saft von 2 Limetten**
- **1 kleine Salatgurke (300 g)**
- **1 rote Paprikaschote**
- **1 kleine Zwiebel**
- **1 rote Chilischote**
- **3 EL Öl**
- **75 ml Fischfond**
- **½ TL gemahlenes Piment**

1 Die Makrelenfilets mit Salz sowie Pfeffer nach Belieben bestreuen und mit der Hälfte des Limettensaftes beträufeln.

2 Gurke schälen, halbieren, die Kerne mit einem Teelöffel herauslösen. Paprika halbieren, von Stielansatz sowie Samensträngen befreien und waschen. Gurke und Paprika fein würfeln. Zwiebel schälen und hacken. Chilischote halbieren, von Stielansatz sowie Samensträngen befreien, waschen und fein hacken.

3 Makrelen trockentupfen. Öl in einer Pfanne erhitzen und die Makrelen darin bei mittlerer Hitze goldbraun braten. Dann herausnehmen.

4 Gemüsewürfel, Zwiebel und Chili in die Pfanne geben, bei mittlerer Hitze 3-4 Minuten braten. Restlichen Limettensaft, Fischfond und Piment zufügen. Alles salzen, pfeffern und etwas einkochen lassen.

5 Mischung über die Makrelen gießen, abkühlen lassen und 2 Stunden in den Kühlschrank stellen.

PAPRIKASCHOTEN

Zubereiten **20** Min.

SPANIEN

(FÜR 4 PORTIONEN)

- **4 große, rote Paprikaschoten**
- **4 Knoblauchzehen**
- **Salz, schwarzer Pfeffer**
- **Cayennepfeffer**
- **200 ml Olivenöl**
- **1 EL Weißweinessig**

1 Backofen auf 250 °C vorheizen. Die Paprikaschoten halbieren, von Stielansatz sowie Samensträngen befreien und waschen. Mit der Haut nach oben auf den Rost im Ofen legen und 20 Minuten (Gas 5;

MIT KNOBLAUCH

Backen **20** Min. Marinieren **4** Std.

Umluft 230 °C) backen, bis die Haut schwarz ist und Blasen wirft. Aus dem Ofen nehmen und sofort mit einem feuchten Küchentuch bedecken.

2 Knoblauch schälen und in dünne Scheiben schneiden. Die Paprikas enthäuten.

3 Paprikas in 4 cm breite Stücke schneiden. Mit Salz, Pfeffer und Cayennepfeffer würzen. In eine Schüssel legen. Knoblauchscheiben darauf verteilen. Öl mit dem Essig mischen und darübergießen. Etwa 4 Stunden kühl stellen.

INDISCHES SESAMHÄHNCHEN

Zubereiten **20** Min. Garen **30** Min. Marinieren **1** Std.

INDIEN

(FÜR 4 PORTIONEN)

- **500 g Hähnchenbrustfilet**
- **3 EL Sesamöl**
- **Salz, weißer Pfeffer**
- **½ Bund Koriander**
- **1 Zwiebel**

FÜR DIE MARINADE

- **2 EL Sojasauce**
- **½ TL Fünf-Gewürz-Pulver**
- **2 EL Limettensaft**
- **1 EL Honig**
- **2 cm frische Ingwerwurzel**

AUSSERDEM

- **Alufolie**
- **3 Frühlingszwiebeln**
- **4 EL geröstete Sesamsamen**

1 Hähnchenbrustfilet waschen, trockentupfen. 2 EL Sesamöl mit Salz und Pfeffer verrühren. Fleisch damit bepinseln. Koriander waschen, trockenschütteln, hacken. Zwiebel schälen, in dünne Ringe schneiden.

2 Backofen auf 180 °C vorheizen. Ein Stück Alufolie mit 1 EL Öl bestreichen, Fleisch darauf legen, mit Zwiebel und Koriander bestreuen. Verschließen und 30 Minuten (Gas 2; Umluft 160 °C) garen. Folie öffnen, abkühlen lassen. Zwiebel und Koriander entfernen.

3 Für die Marinade Sojasauce, Gewürz-Pulver, Limettensaft und Honig mit Fleischsaft aus der Folie mischen. Ingwer schälen, hacken, zufügen. Fleisch in Scheiben schneiden, auf eine Platte legen und mit Marinade begießen. 1 Stunde marinieren.

4 Frühlingszwiebeln waschen, putzen, in Ringe schneiden. Mit den Sesamsamen über das Fleisch verteilen.

SÜSS-SAUER EINGELEGTES GEMÜSE

CHINA

Die Marinade mit asiatischen Gewürzen, wie Sternanis und Ingwer, gibt den eingelegten Gemüsescheiben ihren typischen Charakter. Reisschnaps sorgt für einen runden Geschmack.

ZUTATEN

(Für 8 Portionen)

- 1 kleiner Weißkohl (500 g)
- 1 Salatgurke (400 g)
- 250 g weißer Rettich (siehe Zutatentip)
- 200 g Möhren
- 2 grüne Paprikaschoten

FÜR DIE MARINADE

- 50 g frische Ingwerwurzel
- 10 Chilischoten
- 40 g weißer Zucker
- 75 g brauner Zucker
- 250 g Salz, 8 Sternanis
- 1 EL rote Pfefferkörner
- 50 ml Reisschnaps (im Asienladen erhältlich)

AUSSERDEM

- 2 Einmachgläser (je 1½ l Füllmenge)

ZUTATENTIP

Statt des weißen Rettichs können Sie auch 1 Bund Radieschen verwenden.

1 Den Kohl waschen, die Blätter vom Strunk trennen und trockentupfen. Große Blätter halbieren. Die Gurke waschen und trockenreiben. Den Rettich und die Möhren schälen. Die Paprikaschoten halbieren, von Stielansatz sowie Samensträngen befreien und waschen. Die Gurke mit einem Küchenhobel in dünne Scheiben hobeln. Den Rettich und die Möhren mit einem Sparschäler, die Paprikaschote mit einem Messer in dünne Streifen schneiden.

Schritt 1

2 Die Einmachgläser gut auswaschen und mit kochendheißem Wasser ausspülen. Das Gemüse in die Gläser schichten.

Schritt 3

3 Den Ingwer schälen und in dünne Scheiben schneiden. Chilischoten waschen. Etwa 2½ l Wasser mit dem Ingwer, Zucker, Salz, Chilischoten, Sternanis, Pfefferkörnern und Reisschnaps in einem Topf zum Kochen bringen. Alles so lange kochen, bis sich Zucker und Salz vollständig aufgelöst haben.

Schritt 4

4 Die heiße Marinade sofort über das Gemüse in den Gläsern gießen und diese sofort verschließen. Das Gemüse mindestens 1-2 Tage stehen lassen.

Zubereiten **45** Min.
Marinieren **2** Tage
Pro Portion: 205 kcal/855 kJ;
4 g EW; 1 g F; 37 g KH

TYPISCH CHINESISCH

Kaum ein anderes Land hat im Laufe seiner Geschichte eine so vielfältige und kunstvolle Eßkultur entwickelt wie China. Neben der bemerkenswert großen Viefalt an Koch- und Gartechniken entstanden im Reich der Mitte auch die unterschiedlichsten Konservierungsmethoden, wie das Einlegen von Gemüse.

Kochtip

Wenn Sie einen entsprechend großen Steinguttopf besitzen, können Sie das Gemüse mit der Marinade auch darin einlegen und immer nur so viel davon herausnehmen, wie Sie gerade brauchen. Dabei unbedingt darauf achten, daß Sie nur sauberes Besteck verwenden, wenn Sie das Gemüse aus dem Topf nehmen.

Serviertip

Servieren Sie zum eingelegten Gemüse goldbraun gebratene Tofuwürfel, und stellen Sie zusätzlich Krabbenbrot bereit.

Am besten schmecken dazu landestypische Getränke, wie heißer Jasmintee oder Reiswein.

FLEISCHRÖLLCHEN MIT KNOBLAUCHSAUCE

CHINA

ZUTATEN
(Für 4 Portionen)

- 500 g Schweinefilet
- 1 kleine Stange Lauch (etwa 100 g)
- 20 g frische Ingwerwurzel
- 1 EL Reiswein (siehe Zutatentip)
- 2 Stangen Sellerie

FÜR DIE MARINADE
- 2 Knoblauchzehen
- 2 Frühlingszwiebeln
- 2 kleine Chilischoten
- 4 EL Sojasauce
- 2 EL Sesamöl, 1 Prise Salz

AUSSERDEM
- einige Salatblätter zum Garnieren

ZUTATENTIP
Reiswein ist im Asienladen oder in der Spezialitätenabteilung des Supermarktes erhältlich. Sie können jedoch ebensogut Sherry verwenden.

Hier zeigt sich die chinesische Kochkunst von ihrer besten Seite: Schweinefilet wird sanft in aromatischer Brühe gegart und von einer leicht scharfen Knoblauchsauce überzogen.

1 Das Filet von Fetträndern befreien. Den Lauch putzen, waschen und in Ringe schneiden. Den Ingwer schälen und in Scheiben schneiden. In einem Topf 1½ l Wasser zum Kochen bringen. Den Reiswein, den Lauch sowie den Ingwer hineingeben und das Fleisch darin 30 Minuten garen. Von der Brühe 2 EL abnehmen und beiseite stellen.

Schritt 1

2 Das Fleisch aus der Brühe nehmen und abkühlen lassen. Dann quer zur Faser in dünne Scheiben schneiden. Den Sellerie waschen, putzen und in 4 cm lange, dünne Streifen schneiden. Genauso viele Selleriestreifen wie Fleischscheiben schneiden.

Schritt 3

3 Den Salat waschen und trockenschütteln. Auf jede Fleischscheibe 1 Selleriestreifen legen. Das Fleisch aufrollen, auf eine Servierplatte legen und mit Salatblättern garnieren.

4 Für die Marinade den Knoblauch schälen und durchpressen. Die Frühlingszwiebeln waschen, putzen und fein hacken. Die Chilischoten putzen, waschen und fein hacken. Knoblauch, Frühlingszwiebeln, Chilis, 2 EL Brühe, Sojasauce, Sesamöl und Salz verrühren. Marinade über das Fleisch gießen und dieses etwa 30 Minuten kühl stellen.

Schritt 4

Zubereiten **20** Min. Garen **30** Min. Kühlen **30** Min.
Pro Portion: 215 kcal/900 kJ; 29 g EW; 9 g F; 3 g KH

TYPISCH CHINESISCH
Welche Bedeutung die Chinesen dem Essen beimessen, wird in ihrer bilderreichen Sprache deutlich. Statt »Guten Tag« heißt es zur Begrüßung »Haben Sie heute schon gegessen?«. Und wer viel verdient, von dem sagt man, er habe »gutes Korn zu kauen«, während der Arbeitslose »seine Reisschale zerbrochen hat«.

KOCHTIP

Sollten die Filetscheiben zu klein zum Aufrollen sein, legen Sie sie einfach fächerartig auf eine Servierplatte, bestreuen sie mit Selleriewürfeln und träufeln dann die Sauce darüber. Sehr hübsch sieht es auch aus, wenn Sie 2 Filetscheiben - mit etwas Sellerie dazwischen - mit einem Holzspießchen zusammenstecken.

SERVIERTIP

Nach den Fleischröllchen können Sie als Hauptgericht Ente mit süß-saurer Sauce und Klebreis servieren.

Reichen Sie zur Vorspeise Ananassaft oder frisch gepreßten Orangensaft mit Eiswürfeln.

Hähnchen in Zitronengrasmarinade

Mit dieser dekorativen Vorspeise stimmen Sie Ihre Gäste perfekt auf die folgenden Gänge ein. Zitronengras, Kreuzkümmel und knackige Erdnüsse geben dem Gericht thailändisches Flair.

THAILAND

ZUTATEN
(Für 4 Portionen)

- 2 Stengel Zitronengras
- ½ l Hühnerbrühe
- 400 g Hähnchenbrustfilet (siehe Zutatentip)
- 1 Knoblauchzehe
- 2 EL Limettensaft
- 3 EL Öl
- ½ TL Cayennepfeffer
- 1 Prise gemahlener Kreuzkümmel
- 5 Frühlingszwiebeln
- 60 g geröstete, gehackte Erdnüsse

AUSSERDEM

- einige Blätter Eisbergsalat (siehe Zutatentip)

ZUTATENTIP

- Versuchen Sie statt des Hähnchenbrustfilets Lachs- oder Rotbarschfilet.
- Den Eisbergsalat können Sie auch durch Kopfsalat oder Spinatblätter ersetzen.

1 Zitronengras waschen, mit Küchenpapier trockentupfen und putzen. Den unteren, weißen Teil fein hacken. Die Hühnerbrühe zum Kochen bringen. Die oberen, grünen Teile des Zitronengrases 10 Minuten darin köcheln lassen. Die Brühe durch ein Sieb in eine Schüssel abgießen und wieder zurück in den Topf geben. 3 EL Brühe beiseite stellen.

Schritt 1

2 Das Hähnchenbrustfilet abbrausen, mit Küchenpapier trockentupfen und in schmale Streifen schneiden. Brühe im Topf wieder aufkochen und die Filetstreifen darin in 15 Minuten garen. Mit einem Schaumlöffel herausheben und sehr fein würfeln.

Schritt 2

3 Den Knoblauch schälen, durchpressen und mit der Hälfte des gehackten Zitronengrases, 3 EL Brühe, dem Limettensaft, Öl, Cayennepfeffer und Kreuzkümmel in einer Schüssel mit dem Stabmixer pürieren. Fleisch darin 1 Stunde marinieren.

4 Die Frühlingszwiebeln waschen, putzen, fein hacken und mit dem restlichen gehackten Zitronengras sowie den Erdnüssen unter das Fleisch mischen. Die Salatblätter waschen, trockentupfen und auf eine Servierplatte legen. Das Fleisch darauf anrichten.

Schritt 4

Zubereiten **40** Min.
Marinieren **1** Std.
Pro Portion: 296 kcal/1240 kJ; 30 g EW; 17 g F; 5 g KH

TYPISCH THAILÄNDISCH

Zu einem echten thailändischen Menü gehört immer ein Salat, der häufig mit gehacktem Fleisch angereichert wird. Im Norden des Landes, wo die Speisen gehaltvoller sind als im Süden, nimmt man dazu gern Schweinefleisch, während die Bewohner der übrigen Regionen Hähnchen oder auch Ente bevorzugen.

Kochtip

Bringen Sie das fertige Gericht möglichst schnell auf den Tisch, denn die Erdnüsse werden durch die Flüssigkeit schon nach kurzer Zeit weich. Wer das Essen frühzeitig vorbereiten möchte, kann die Fleischwürfel länger als angegeben in der Marinade lassen und die Erdnüsse erst vor dem Servieren untermischen.

Serviertip

Als Hauptgang bieten sich Garnelen aus dem Wok an, die mit Knoblauch, Tomaten und Limettensaft gewürzt sind.

Mangosaft mit einigen Spritzern Limettensaft und zerstoßenem Eis ist der ideale Begleiter.

Lachstatar mit gerösteten Toastecken

Australien

Exquisiter Auftakt zu einem festlichen Menü: Tatar aus Lachsfilet wird mit Sauce auf hauchdünnen Gurkenscheiben angerichtet und mit goldgelb geröstetem Toastbrot serviert.

ZUTATEN
(Für 4 Portionen)

- 250 g Lachsfilet

FÜR DIE SAUCE

- 1 kleine, weiße Zwiebel
- ½ Bund Schnittlauch
- 1 Limette (siehe Zutatentip)
- 1 EL kleine Kapern (siehe Zutatentip)
- 1 EL Olivenöl
- Salz, weißer Pfeffer

FÜR DAS BROT

- 1 EL Olivenöl
- 4 Scheiben Toastbrot

AUSSERDEM

- 1 Salatgurke

Zutatentip

- Statt der Limette können Sie 1 Zitrone verwenden.
- Wer Kapern nicht mag, läßt sie einfach aus der Sauce und schmeckt diese dafür etwas kräftiger mit Salz ab.

1 Für die Sauce die Zwiebel schälen und sehr fein würfeln. Den Schnittlauch waschen, trockenschütteln und in feine Röllchen schneiden. Die Limette schälen und das Fruchtfleisch in kleine Stücke schneiden.

2 Die Zwiebelwürfel, die Schnittlauchröllchen, das Limettenfruchtfleisch, die Kapern sowie 1 EL Olivenöl in einer Schüssel vermischen. Mit Salz sowie weißem Pfeffer würzen und kalt stellen, bis die restlichen Zutaten vorbereitet sind.

3 Die Salatgurke waschen, trockenreiben und in dünne Scheiben schneiden oder hobeln. Je ein Viertel davon auf je 1 Teller kreisförmig anordnen. Das Lachsfilet mit einem sehr scharfen Messer in feine Würfel schneiden und mit der Sauce in der Schüssel vermischen. Das Lachstatar dekorativ auf den Gurkenscheiben verteilen.

4 In einer Pfanne 1 EL Olivenöl erhitzen und die Weißbrotscheiben darin bei mittlerer Hitze von beiden Seiten goldgelb rösten (siehe Kochtip). Danach diagonal halbieren. Das Lachstatar mit den Toastecken servieren.

Schritt 1

Schritt 3

Schritt 4

Zubereiten 35 Min.
Pro Portion: 290 kcal/1209 kJ; 16 g EW; 12 g F; 27 g KH

Typisch australisch

Lachs ist an der Südostküste Australiens ein beliebter Fisch, der nur noch selten wild gefangen wird, sondern immer häufiger aus großen Zuchtanlagen stammt. Dadurch ist Lachs preislich für jeden erschwinglich geworden und steht nicht mehr nur in den edlen Restaurants von Sydney auf dem Tisch.

Kochtip

• Wer Kalorien sparen möchte, kann die Toastbrotscheiben auch im Toaster goldbraun rösten.

• Das edle Lachstatar eignet sich hervorragend für ein kaltes Büfett. Sehr dekorativ ist es, wenn Sie dafür aus den Toastbrotscheiben verschiedene Formen ausstechen, bevor Sie diese in der Pfanne rösten.

Serviertip

Servieren Sie Ihren Gästen danach Putenschnitzel mit gegrillten Zucchini-, Paprika- und Tomatenscheiben.

Australischer Chardonnay aus dem berühmten Barossa Valley rundet diese Vorspeise gut ab.

Serviertip Als Hauptgericht bereiten Sie gegrillte Lammkoteletts mit Rosmarinkartoffeln zu.

Ein frischer Weißwein aus Neuseeland, etwa ein Sauvignon Blanc, ist die ideale Ergänzung.

NEUSEELÄNDISCHE SPINATTERRINE

NEUSEELAND

Ihre Gäste werden von der luftigen neuseeländischen Terrine begeistert sein. Eine sahnige Käsemasse und fein pürierter Blattspinat ergänzen sich ideal und zergehen auf der Zunge.

ZUTATEN
(Für 8 Portionen)

- 12 Blatt weiße Gelatine
- 1 große Fleischtomate (etwa 250 g)
- 1 Bund Basilikum
- 400 g Hüttenkäse (siehe Zutatentip)
- 250 g Schlagsahne
- Salz, weißer Pfeffer
- 600 g Blattspinat
- 1 Knoblauchzehe
- 20 g Butter

AUSSERDEM

- Frischhaltefolie

ZUTATENTIP

Statt des Hüttenkäses können Sie anderen Frischkäse oder auch Schafskäse, etwa griechischen Feta, verwenden. Geschmacklich passen dann jedoch anstelle der Tomatenwürfel Paprikastücke besser.

1 Von der Gelatine 6 Blatt in kaltem Wasser einweichen. Tomate waschen, quer halbieren, entkernen und kleinwürfeln. Basilikum waschen, trockenschütteln und die Blättchen hacken. Tomate, Basilikum und Käse mischen. Gelatine in einem Topf bei schwacher Hitze flüssig werden lassen und unterrühren. Sahne steif schlagen, die Hälfte unter den Käse ziehen. Salzen und pfeffern.

Schritt 1

2 Eine Kastenform mit Folie auskleiden, so daß die Folie überlappt. Spinat waschen, putzen und trockenschleudern. 4-6 gleich große Blätter auf den Boden der Form legen. Käsemasse einfüllen und mit einer Palette diagonal glattstreichen. 2 Stunden kalt stellen.

Schritt 2

3 Restliche Gelatine einweichen. Knoblauch schälen, durchpressen und mit 1 Tasse Wasser sowie der Butter in einem Topf aufkochen. Restlichen Spinat 5 Minuten darin dünsten. Abtropfen lassen, mit einem Stabmixer pürieren, salzen, pfeffern. Ausgedrückte Gelatine unterrühren. Abkühlen lassen.

Schritt 4

4 Restliche Sahne unter den Spinat rühren, diesen auf die festgewordene Käsemasse geben und nochmals 2 Stunden kalt stellen. Zum Servieren in Scheiben schneiden.

Zubereiten 40 Min. Kühlen 4 Std.
Pro Portion: 170 kcal/713 kJ;
11 g EW; 12 g F; 4 g KH

TYPISCH NEUSEELÄNDISCH

Dank der unterschiedlichen Klimazonen können die Neuseeländer viele Gemüsearten anbauen. Manches davon ist uns fremd, wie die Baumtomaten »Tamarillos« oder »Kumara«, eine Süßkartoffelart. Zu den üppigsten Gemüsegärten Neuseelands zählt die Gegend um Nelson.

SHRIMPSCOCKTAIL NACH SÜDSTAATENART

USA

Shrimps nehmen in der Küche der amerikanischen Südstaaten einen wichtigen Platz ein. Diese Cocktail-Variante erhält durch scharfen Senf und Frühlingszwiebeln ihre besondere Würze.

ZUTATEN
(Für 8 Portionen)

- ½ Bund Petersilie
- 2 Stangen Sellerie
- 3 Frühlingszwiebeln
- 400 g gegarte, geschälte Shrimps

FÜR DIE SAUCE

- 1 EL körniger scharfer Senf (siehe Zutatentip)
- 3 EL Zitronensaft
- 6 EL Olivenöl
- Salz, weißer Pfeffer
- 1 Prise Cayennepfeffer (ersatzweise Tabasco-Sauce)

ZUTATENTIP

In den Südstaaten der USA wird für dieses Rezept der dunkle, scharfe kreolische Senf verwendet. Bei uns ersetzen Sie ihn am besten durch Rôtisseur-Senf.

1 Die Petersilie unter kaltem Wasser abbrausen und trockenschütteln. Die Blättchen von den Stengeln zupfen und fein hacken. Die Selleriestangen waschen, putzen, trockentupfen und in dünne Scheiben schneiden. Etwas Selleriegrün zum Garnieren auf einem Teller beiseite stellen. Die Frühlingszwiebeln waschen, putzen, trockentupfen und in dünne Ringe schneiden.

Schritt 1

2 Für die Sauce den Senf, den Zitronensaft und das Olivenöl in eine Schüssel geben und mit einem Schneebesen gut verquirlen. Die Sauce mit Salz, Pfeffer und Cayennepfeffer abschmecken. Die Frühlingszwiebelringe, die gehackte Petersilie und die Selleriescheiben unter die Sauce mischen.

Schritt 2

3 Die Shrimps unter fließend kaltem Wasser abbrausen. Danach mit Küchenpapier trockentupfen. Die Shrimps in eine Schüssel geben und vorsichtig mit der Salatsauce vermischen. Den Cocktail etwa 2 Stunden im Kühlschrank marinieren. Zum Servieren mit dem beiseite gestellten Selleriegrün garnieren.

Schritt 3

Zubereiten **20** Min.
Marinieren **2** Std.
Pro Portion: 268 kcal/1125 kJ;
19 g EW; 20 g F; 4 g KH

TYPISCH SÜDSTAATEN

In der Heimat der Gospels, der Schaufelraddampfer und des Jazz gehört »Seafood« zum Alltagsessen: ob Fisch, Shrimps, Riesengarnelen oder Süßwasserkrebse. Was Meer, Flüsse und Seen hergeben, würzen die Südstaatler gern kräftig, etwa mit Chilischoten und Tabasco, scharfem Senf und feurigem Cayennepfeffer.

Kochtip

Wenn Sie der Sauce eine andere Geschmacksrichtung geben möchten, können Sie zusätzlich 3-4 EL Joghurt untermischen. Oder Sie rühren 100 ml Tomatenketchup und 1 EL Meerrettich darunter. Ganz Eilige verwenden eine fertige Cocktailsauce aus dem Supermarkt - dann entfällt die zweistündige Marinierzeit.

Serviertip

Servieren Sie dazu Toastbrot. Als landestypischer Hauptgang eignen sich gegrillte Steaks mit »Baked Potatoes«.

Reichen Sie vorweg Daiquiri: 2 cl Limettensaft, 5 cl weißer Rum, 1 TL Zucker auf gestoßenem Eis.

MARINIERTE HEILBUTTWÜRFEL MIT AVOCADOS

MEXIKO

Diesen pikanten Fischsalat lassen sich die Mexikaner nicht nur als Vorspeise in geselliger Runde schmecken. Oft kommt er auch als kleine, aber feine Zwischenmahlzeit auf den Tisch.

ZUTATEN
(Für 4 Portionen)

- 300 g Heilbuttfilet (siehe Zutatentip)
- 3 Limetten
- 2 kleine Chilischoten
- 3 Tomaten
- 1 Avocado (siehe Zutatentip)
- 3 EL eingelegte Perlzwiebeln
- Salz, schwarzer Pfeffer
- 1 EL Olivenöl
- 1 Bund Koriander

ZUTATENTIP

- Sie können statt des Heilbutts auch Makrelen, Lachs oder den etwas kostspieligeren Seeteufel verwenden.
- Achten Sie darauf, daß die Avocado nicht zu weich, aber dennoch reif ist.

1 Das Heilbuttfilet unter fließend kaltem Wasser waschen, mit Küchenpapier trokkentupfen, würfeln und in eine Schüssel geben. Die Limetten auspressen. Den Limettensaft unter die Fischwürfel mischen und 3 Stunden in den Kühlschrank stellen.

Schritt 1

2 Die Chilischoten aufschlitzen, von Stielansätzen sowie Samensträngen befreien und waschen. Danach sehr fein würfeln. Die Tomaten waschen und quer halbieren. Dann die Kerne mit einem Teelöffel entfernen und die Tomaten in kleine Würfel schneiden. Die Avocado längs halbieren und entsteinen. Das Fruchtfleisch mit einem Eßlöffel aus der Schale lösen und würfeln (siehe Kochtip).

Schritt 2

3 Die Perlzwiebeln in einem Sieb abtropfen lassen. Die Chilischoten- sowie die Avocadowürfel und die Perlzwiebeln zu den Fischwürfeln geben. Salzen, pfeffern und mit dem Olivenöl beträufeln. Dann alle Zutaten vorsichtig, aber gründlich vermischen.

Schritt 3

4 Den Koriander abbrausen und trockenschütteln. Die Blättchen von den Stengeln zupfen und hacken. Die Fischwürfel damit bestreuen und sofort servieren.

Zubereiten 35 Min.
Marinieren 3 Std.
Pro Portion: 270 kcal/1129 kJ; 19 g EW; 19 g F; 3 g KH

TYPISCH MEXIKANISCH

Der Küstenstrich von annähernd 10000 Kilometern beschert den Mexikanern eine große Vielfalt an Fischen. Zu den populärsten Zubereitungsmethoden, besonders von Makrelen, gehört das Marinieren in Limettensaft. Diese sogenannten »Ceviche« kommen überall auf den Tisch, wo das Meer nicht weit ist.

Kochtip

- Sehr dekorativ sieht die Fischvorspeise aus, wenn Sie aus der Avocado mit einem Kugelausstecher kleine Bällchen ausstechen, statt sie in Würfel zu schneiden.
- Roher Fisch ist nur begrenzt haltbar. Deshalb sollten Sie den Salat nicht auf Vorrat zubereiten und nur für wenige Stunden im Kühlschrank aufbewahren.

Serviertip

Nach den marinierten Fischwürfeln können Sie überbackene Tortillas mit einer Tomaten-Fleisch-Füllung anbieten.

Reichen Sie Tequila mit Salz und Zitrone vorweg und mexikanisches Bier, etwa ein Corona, dazu.

Kreolische Garnelenspiesschen

Karibik

Köstliches aus der Karibik: Marinierte Garnelen werden mit Räucherlachsstreifen umwickelt, auf Spießchen gesteckt und dekorativ mit Cocktailtomaten auf Tellern angerichtet.

ZUTATEN
(Für 4 Portionen)

- ½ Bund Koriander (siehe Zutatentip)
- 1 Bund Dill
- 2 EL Limettensaft
- 4 EL Olivenöl
- Salz, weißer Pfeffer
- 20 gegarte, geschälte Garnelen (siehe Kochtip)
- 20 Scheiben Räucherlachs (siehe Zutatentip)

AUSSERDEM

- 20 Holzspießchen
- 20 Cocktailtomaten zum Garnieren

Zutatentip

- Wenn Sie keinen Koriander erhalten, können Sie statt dessen auch Petersilie nehmen.
- Räucherlachs gibt es in guter Qualität im Kühlregal der meisten Supermärkte.

1 Den Koriander und den Dill unter kaltem Wasser abbrausen und trockenschütteln. Die Hälfte des Dills beiseite stellen, den Rest der Kräuter fein hacken.

2 Den Limettensaft und das Olivenöl in einer Schüssel verrühren. Mit Salz und Pfeffer abschmecken. Dann die gehackten Kräuter untermischen. Die Garnelen dazugeben und alles zugedeckt 2 Stunden in den Kühlschrank stellen.

3 Die Räucherlachsscheiben mit einem scharfen Messer in 20 etwa 1 cm breite und 4 cm lange Streifen schneiden.

4 Nach dem Marinieren jede Garnele mit einem Streifen Lachs umwickeln und diesen mit einem Holzspießchen feststecken.

5 Die Cocktailtomaten waschen und mit Küchenpapier trockentupfen. Die Spieße auf einer Servierplatte mit den Cocktailtomaten und dem beiseite gestellten Dill anrichten und sofort servieren.

Schritt 2

Schritt 3

Schritt 4

Zubereiten **30** Min.
Marinieren **2** Std.
Pro Portion: 274 kcal/1148 kJ;
28 g EW; 16 g F; 3 g KH

Typisch karibisch

Das Marinieren von Meeresfrüchten ist in der ganzen Karibik beliebt, auf Jamaika und Barbados ebenso wie auf Kuba und Curaçao. Je nachdem, was der Markt am Morgen bietet, können die Zutaten ein wenig variieren. Mal kommen Dill und Koriander hinein, mal Petersilie – nur frischer Limettensaft ist ein Muß.

KOCHTIP

Wenn Ihr Fischhändler frische Garnelen anbietet, sollten Sie zugreifen. Geben Sie die Garnelen für etwa 3-4 Minuten in ein wenig kochende Gemüsebrühe, bis sie sich rot verfärbt haben. Dann etwas abkühlen lassen, die Schalen sowie die Därme entfernen und die Garnelen noch lauwarm in die Marinade legen.

SERVIERTIP

Knackig frischer Eichblatt-Salat mit Tomaten- und Gurkenstückchen ist die ideale Begleitung zu den Spießchen.

Dazu paßt Cuba Libre: Pro Glas 5 cl weißer Rum, 4 Eiswürfel und Saft ½ Limette mit Cola aufgießen.

Küchen-Lexikon

Hier finden Sie wichtige Produktinformationen und Techniken, die Ihnen bei der Zubereitung der kalten Vorspeisen helfen können.

Anchovis

Die kleinen Heringsfische, die man auch als Sardellen bezeichnet, kommen aus den Meeren Süd- und Westeuropas. Sie werden durch Salz konserviert und sind in Dosen oder Gläsern im Supermarkt erhältlich.

Cayennepfeffer

Das Pulver wird ausschließlich aus den sehr scharfen, kleinen Chilischoten hergestellt, die in Süd- und Mittelamerika, im Süden der USA, in der Türkei und in Thailand heimisch sind. Man kann es aus den getrockneten Chilischoten im Mörser oder der Küchenmaschine ganz einfach selbst herstellen. Cayennepfeffer sollte nur in winzigen Dosen an das fertige Gericht gegeben werden, da er sehr scharf ist.

Essig

Im Prinzip ist Essig nichts anderes als sauer gewordener Wein. Nach der Gärung reift er in Holzfässern, dann wird er gefiltert und mit Gewürzen verfeinert. Neben Rot- und Weißweinessig gibt es Obstessige, die aus vergorenem Obstsaft gewonnen werden, und Spezialitäten wie Honig-, Malz- oder Bieressig.

Wichtige Milchprodukte

Sie sind in der Küche nahezu unentbehrlich und werden je nach Fettgehalt unterschiedlich eingesetzt.

Crème double

Man bezeichnet die Creme auch als Doppelrahm oder dicke Sahne. Ihr Fettgehalt liegt zwischen 42 % und 45 %.

Crème fraîche

Sie hat einen Fettgehalt von 30-40 % und eignet sich gut zum Verfeinern von Suppen, Eintöpfen und Saucen.

Frischkäse

Unter dieser Bezeichnung versteht man frisch produzierten Käse, der nicht gereift ist, sondern gleich nach der Herstellung zum baldigen Verbrauch auf den Markt kommt. Bekannte Sorten sind Quark, Hüttenkäse (10-20 % Fett i. Tr.) und Doppelrahmfrischkäse (mindestens 60 % Fett i. Tr.).

Joghurt

Er wird aus Milch oder Sahne erzeugt und in Fettstufen von 0,3 % (Magermilchjoghurt) bis 10 % (Sahne- oder Rahmjoghurt) angeboten.

Saure Sahne

Sie enthält mindestens 10 % Fett und ist besonders in der kalten Küche ein Klassiker. Achtung: Beim Kochen flockt sie leicht aus.

Estragon

Die länglichen Blättchen des Küchenkrauts werden frisch gehackt oder getrocknet gerne in der französischen Küche verwendet.

Sein charakteristisches Aroma gibt Essig, Senf, Mayonnaise, Fisch- und Geflügelgerichten einen typischen Geschmack.

Fünf-Gewürz-Pulver

Das goldbraune Pulver ist eine Mischung aus Sternanis, Sichuan-Pfeffer, chinesischer Zimtrinde, Fenchel und Gewürznelken. Die scharf-würzige Mischung wird in der asiatischen Küche häufig für Geflügel- und Fischgerichte verwendet.

Ingwerwurzel

Mit ihrem süßlich-scharfen Aroma verfeinert die Ingwerwurzel Suppen, Saucen, Gemüse, Fleisch- und Fischgerichte. Man kann die Wurzel bei uns in der Gemüseabteilung des Supermarktes oder im Asienladen kaufen. Sie sollten frischen Ingwer gemahlenem vorziehen.

Marinieren
Kräuter und Gewürze runden die Marinade ab, ganz gleich ob sie aus Öl, Brühe oder aus Zitronensaft besteht.

Marinaden aus Brühe
Bratenstücke, Geflügel, Fisch und Gemüse jeder Art werden in einer heißen Marinade aus Brühe, Wein, Zitronensaft oder Essig sowie Gewürzen und Kräutern eingelegt. Das Mariniergut sollte unbedingt völlig von Flüssigkeit bedeckt sein und auch einmal gewendet werden. Wieviel Aroma es dabei aufnimmt, hängt ganz davon ab, wie lange man es in der Marinade läßt.

Ölmarinaden
Olivenöl, Weinessig oder Zitronensaft werden mit verschiedenen mediterranen Kräutern vermischt und als Marinade für gegrilltes oder kurz blanchiertes Gemüse verwendet. Wenn Sie Fleisch oder Fisch vor dem Grillen für einige Stunden zugedeckt in einer Ölmarinade einlegen, wird beides schön saftig und zart.

Meerrettich
Die scharfe Meerrettichwurzel wird fast überall auf der Welt kultiviert und auf Märkten angeboten. Es gibt sie aber auch gerieben und konserviert in Gläsern im Supermarkt zu kaufen. Meerrettich ist für Vorspeisen, wie geräucherte Forellen und Lachs, unentbehrlich.

Pfeffer
Schwarzer und grüner Pfeffer entstehen durch Trocknung der noch unreifen Früchte des Pfefferstrauches. Für weißen Pfeffer werden die vollreifen Früchte geerntet und durch spezielle Behandlung geschält. Schwarzer Pfeffer ist etwas schärfer als weißer. Grüner Pfeffer wird meist in Salzlake eingelegt angeboten und würzt vor allem Sahnesaucen für Fleisch.

Shrimps
Sie gehören zur Krebsfamilie und sind in allen Meeren zu Hause. Meist werden die wohlschmeckenden, leicht verderblichen Shrimps tiefgekühlt auf dem Markt angeboten. Wer frische bekommen kann, sollte diese immer vorziehen, denn geschmacklich sind sie feiner. Die Krustentiere lassen sich hervorragend grillen, braten oder dünsten. Besonders gut eignen sie sich für Vorspeisen jeder Art.

Sojasauce
Die Würzsauce, die in der ostasiatischen Küche meist das Salz ersetzt, wird aus vergorenen Sojabohnen hergestellt. Qualitativ hochwertige Produkte benötigen bis zu sieben Jahre in der Herstellung und unterscheiden sich je nach Land in Konsistenz und Geschmack: Die chinesische ist dickflüssig und ziemlich salzig, die indonesische hingegen ist dünnflüssig und süßlich. Japanische Sojasauce hat ein kräftiges, ausgewogenes Aroma.

Worcestersacue
Das Originalrezept der intensiv schmeckenden Würzsauce ist ein streng gehütetes Geheimnis. Man verwendet die Sauce in sehr kleinen Mengen, um vor allem braune Fleisch- und Geflügelsaucen, aber auch Suppen und herzhafte Eintöpfe abzuschmecken.

Zitronengras
Die tropische Pflanze wird in der südostasiatischen Küche als Gewürz verwendet. Man schneidet den unteren, weißen Teil des frischen Grases sehr fein und gart ihn mit. So bekommen zum Beispiel Geflügel- und Fleischcurrys sowie Suppen ein intensives Zitronenaroma. Zitronengras ist frisch oder auch getrocknet im Asienladen erhältlich.

Zucchini
Die Kürbisfrucht ist ganzjährig auf dem Markt. Kleine Früchte eignen sich als Rohkost, große zum Garen.

MENÜVORSCHLÄGE

Verwöhnen Sie Ihre Gäste mit einem Menü. Unsere Vorschläge für Hauptgerichte und Desserts helfen Ihnen dabei, die richtigen Kombinationen aus aller Welt zu finden.

FRANKREICH

GRÜNER SPARGEL MIT PIKANTER SAUCE 6/7
Schweinefilets mit Kroketten
Erdbeerbecher

ROHKOSTPLATTE MIT ANCHOVIS-DIP 8/9
Entrecôte in Rotweinsauce und Herzoginkartoffeln
Mousse au chocolat

DEUTSCHLAND

BÜSUMER KRABBEN-COCKTAIL 10/11
Entenbrust mit Gemüse
Rhabarbergrütze mit Vanillesauce

NIEDERLANDE

CHAMPIGNONS IN SENFSAUCE 12/13
Fischfilets mit Gemüse
Joghurtcreme

UNGARN

UNGARISCHES TATARENBROT 14/15
Gulasch
Süße Palatschinken

GERÄUCHERTE FORELLE MIT JOGHURT-MAYONNAISE 16/17
Gefüllte Paprikaschoten
Aprikosenknödel

RUSSLAND

RUSSISCHE EIER »SANKT PETERSBURG« 18/19
Borschtsch
Mohngebäck

SPANIEN

HÄHNCHENBRUST MIT »CREMA DE PIMIENTOS« 22/23
Kartoffel-Gemüse-Tortilla
Pfirsiche in Wein

ITALIEN

RINDERFILET »CARPACCIO« 24/25
Seezunge mit Blattspinat
Meloneneis

VITELLO TONNATO 26/27
Zucchini-Omelett
Gemischte Früchte

TOMATEN MIT MOZZARELLA-GEMÜSE-FÜLLUNG 28/29
Lammbraten mit Oliven
Tiramisu

GRIECHENLAND

KARTOFFELPASTE AUF GRIECHISCHE ART 30/31
Moussaka
Früchte in Sirup

TÜRKEI

ARTISCHOCKENGEMÜSE »ISTANBUL« 32/33
Gegrillte Fleischspießchen
Baklava

REZEPTREGISTER

Impressum

Rezepte: Gabriele Redden
Illustrationen: Rita Mühlbauer

Bildnachweis
Alle Titel- und Rezeptfotos:
Meister Verlag/International Masters Publisher B.V.
Fotostudio Feiler, Dorothee Gödert, Ulrich Kerth
Einleitung: 4 Bilderberg, Grames; 4 Magazin; 4/5 Anzenberger; 5 Anzenberger, Riedler; 5 C. Reinert; 5 Bilderberg, Engler;
Fotos zu den »Typisch-Abschnitten«: 6 Gamma; 8 Das Fotoarchiv, Wheeler; 11 Magazin; 12 Helga Lade; 14 Das Fotoarchiv, Christoph; 16 Magazin; 19 Anzenberger, Schmid; 22 Magazin; 24 Das Fotoarchiv, Baumeister; 26 Anzenberger; 29 Transglobe; 30 Das Fotoarchiv, Hollenbach; 32 Das Fotoarchiv, Tack; 35 Bilderberg, Burkard; 36 IFA, Schmidt; 38 Bilderberg, Kunz; 40 Schapowalow, Brüning; 44 Tony Stone, Allison; 46 Magazin; 48 Transglobe, Simmons; 50 Schapowalow, Heaton; 53 Magazin; 54 Transglobe, Simson; 56 Schapowalow, Atlantide; 58 Bilderberg, Horacek;

Reproduktionen Meyle+Müller GmbH+Co., Pforzheim
Computer to plate: S-B-P-S GmbH Kirchberg
Druck und Weiterverarbeitung: Sebald Sachsendruck Plauen

ISBN 3-88477-026-8